Scandinavian Design & USA

fasad mot norr

Scandinavian Design & USA

Människor, möten och idéer, 1890–1980

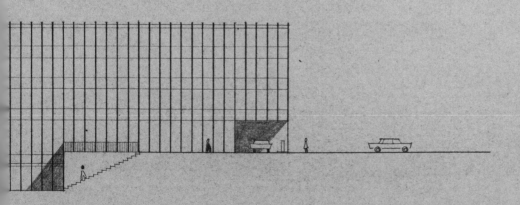

nationalmuseum

Innehåll

← ←

Den svenske entreprenören
Axel Wenner-Gren grundade 1919
Electrolux och inledde på 1920-
talet en framgångsrik affärsverk-
samhet i USA. Han sponsrade
på 1950-talet uppförandet av
Wenner-Gren Center – en mötes-
plats för den internationella
forskningseliten inom naturveten-
skap och teknik. Det höga huset,
det först i Sverige genomfört med
stålkonstruktion, har amerikanska
förebilder och för tankarna till
de skyskrapor med glasfasader
som samtidigt restes utmed Park
Avenue i New York.

←

Vävnad, *First Sight of New York*
(Första mötet med New York), 1930-tal
Ull, lin, bomull, viskosrayon

LILLIAN HOLM (1896–1979)
Svensk, verksam i USA

De mäktiga skyskraporna och den
hänryckta gruppen människor på
denna vävnad ger en aning om hur
den svenska väverskan Lillian Holm
upplevde New York vid sin ankomst
från Sverige omkring 1930. Förutom
att producera egna verk bidrog
hon med sitt kunnande till verk-
samheten på Studio Loja Saarinen,
den vävstudio på Cranbrook som
leddes av den finländska väverskan
Loja Saarinen.

↑

Skulptur, *Fisk med emigranter*,
1936–1940
Gjutjärn

CARL MILLES (1875–1955)
Svensk, verksam i Sverige och USA

Millesgården

Emigranter färdas över havet.
De kommer med drömmar och
förhoppningar. I händerna håller
de attribut som representerar
de yrken och kompetenser som
de för med sig. Under sin tid som
skulpturlärare på Cranbrook
Acadamy of Art arbetade Carl
Milles med utsmyckningar
i regeringskvarteret i Harrisburg,
Pennsylvania. Finansdepartementet
fick sex monumentala dubbel-
dörrar i brons med reliefer som
berättade om statens jordbruk
och industri. En fontän med emi-
granter och fiskar blev dock aldrig
verklighet.

Förord

CARL MILLES SKULPTUR *Fisk med emigranter* föreställer sju personer som sitter på en fisk. De är på väg någonstans och tänker kanske på livet som väntar på andra sidan havet, i ett land av drömmar. Skulpturen gjordes 1936–40. Amerika var det nya hemlandet för miljoner migranter från de nordiska länderna och många hyste alltjämt drömmar om att få göra resan över havet. Migration av människor innebär också migration av idéer och kompetenser. Temat är högaktuellt även i våra dagar. Världen är i rörelse och många flyttar och tar med sig sina förhoppningar och kunskaper, sin kultur och motivation.

Utställningens tema, skandinavisk design och USA 1890–1980, stimulerar med frågor och belönar med svar. Som utställningens kuratorer, Helena Kåberg från Nationalmuseum Stockholm och Denise Hagströmer från Nasjonalmuseet Oslo, har påpekat, är begreppet "Scandinavian Design" en konstruktion, en projicering av olika idéer som kan analyseras från flera perspektiv. Vi talar inte enbart om formen och funktionen hos föremålen men också om allt omkring dem: handel, ekonomi, politik och även diplomati. Design kan ses som ett sätt att kommunicera, ett utbyte av erfarenheter och idéer mellan dem som flyttade till USA och dem som blev kvar, men också mellan dem som kom tillbaka till Norden och fortsatte sina yrkesliv här.

Design formas för att underlätta och berika vardagen. De nordiska länderna har sinsemellan sin egen historia med designfilosofiska publikationer där man analyserar formgivningens inverkan på människornas välmående. Som den svenska författaren Ellen Key skrev i sin bok *Skönhet för alla* (1899): "[...] att det vackra inte alls hör till livets överflöd, utan att man arbetar bättre, mår bättre, blir vänligare och gladare om man i sitt hem möter vackra former och färger på de saker som man omger sig med."

Utställningen visar några av de skandinaviska formgivare som flyttade till och var verksamma i USA samt det amerikanska inflytandet i Norden. Vi får lära oss om arkitektur, glasföremål, möbler, textilier och industridesign genom olika teman. Dessa tar upp hur lärare och studenter möttes på Cranbrook Academy of Art, hur världsutställningen i New York 1939 vände blicken mot Norden och hur "the Scandinavian Look" skapades, bara för att nämna några exempel. Ett annat ämne som behandlas är förhållandet mellan design och diplomati. Det är viktigt att påminna om hur stora utställningsprojekt, som detta, bidrar till forskningen genom att lyfta fram nya upptäckter och kopplingar – något som inte kan uppnås utan ambitiös samverkan mellan institutioner och forskare.

Utställningen är samorganiserad av Los Angeles County Museum of Art och Milwaukee Art Museum i samarbete med Nationalmuseum och Nasjonalmuseet, Oslo. Den här publikationen är särskilt framtagen för de versioner av utställningen som har utvecklats för Oslo och Stockholm. Vi är väldigt stolta över det goda samarbetet och vill tacka alla som gjort boken och utställningen möjlig! ∎

SUSANNA PETTERSSON
Överintendent Nationalmuseum

KARIN HINDSBO
Direktör Nasjonalmuseet

Introduktion

SCANDINAVIAN DESIGN & USA – *människor, möten och idéer, 1890–1980* undersöker hur idéer och design från Norden påverkat amerikansk materiell kultur, samt omvänt, hur influenser från USA har påverkat nordisk design. Teman som utforskas är migration och kulturarv, diplomati och handel, utbildning och professionella utbyten samt design för en socialt och materiellt hållbar framtid.

Utställningen tar avstamp i begreppet *Scandinavian Design,* som när det myntades på 1950-talet och lanserades internationellt, syftade på modern design från Norden. Begreppet etablerades mycket tack vare nordiska samarbeten med såväl kulturella som politiska och ekonomiska förtecken. Att internationellt synas och agera under gemensam flagg gav konkurrensfördelar. Även finsk formgivning inkluderades, trots att Finland geografiskt inte ligger på den Skandinaviska halvön, och i texter på engelska om fenomenet används, då som nu, benämningen Skandinavien även om det som avses egentligen är Norden.

Scandinavian Design stod dock inte bara för modern design i största allmänhet, utan även för särskilda egenskaper som förknippades med nordiska traditioner, kultur och natur samt demokratiska värderingar. Begreppet är omtvistat. Det rymmer ett visst mått av sanning, men föreställningen är även en konstruktion som bygger på strategiska val, vilka gjordes för att extrahera fram en tydlig identitet som var användbar internationellt.

Genom att utställningen anlägger ett transnationellt perspektiv och skiftar fokus framträder dock en annan, mer mångfacetterad historia om design. I stället för att fastna i försök att definiera vad som är typiskt skandinaviskt och att ge design från Norden statiska egenskaper, berättar *Scandinavian Design & USA* om möten mellan människor – både de där samförstånd leder till korsbefruktning och de där krockande värderingar trots allt leder till givande utbyten. Berättelsen börjar i en tid då kontakterna över Atlanten präglades av migration från Norden till USA. Då var den främsta företeelsen på den internationella designscenen konst- och industriutställningar som Världsutställningen i Chicago 1893. Utställningen följer sedan hur designrelationerna mellan Skandinavien och USA utvecklats fram till åren kring 1980, en period då globaliseringen och den starka närvaron av andra nationer, bland annat Italien och Japan, förändrade designscenen.

Över 50 miljoner människor från Europa utvandrade till USA innan invandringen begränsades 1924. Ungefär tre miljoner av emigranterna kom från Danmark, Finland, Sverige och Norge. Migration av människor innebär också migration av idéer och kompetenser. Merparten av de emigranter som var yrkesverksamma inom formområdet sökte sig till amerikanska företag eller startade egna firmor som riktade sig till ett amerikanskt klientel. Men det fanns även de som höll traditionella hantverk vid liv och överförde det skandinaviska kulturarvet till nya generationer. Rosmålning och kurbits kom i USA, precis som i Norge och Sverige, att signalera nordisk identitet. Uppfattningen

←

Stol, ca 1925
Trä, målad dekor

PER LYSNE (1880–1947)
Norsk, verksam i USA

JOHN LUND (1884–1975)
Norsk, verksam i USA

Lysne lärde sig rosmålning av sin far innan han 1907 utvandrade till Stoughton, Wisconsin. Möbelsnickaren Lund var även han norsk emigrant.

att skandinavisk design bygger på hantverkstraditioner etablerades även tidigt av nordiska deltagare på amerikanska utställningar. Redan på Centennialutställningen i Philadephia 1876 uppmärksammades svenska utställare för folkkonst och handvävda textilier, inte för moderna industrivaror. Under 1900-talet skiftade fokus till modern formgivning, men trots att idéerna om identitet var i ständig förändring fortsatte producenter och talespersoner att i internationella sammanhang framhålla att den skandinaviska designens särart var en gedigen känsla för traditionella hantverk och skandinaviska material.

Vikingen blev också en populär sinnebild för Skandinavien. I Norden användes fornnordiska motiv under 1800-talet inom alla konstnärliga fält. Den så kallade drakstilen var ett regionalt alternativ till förebilder hämtade från antiken och den användes för att förmedla såväl moraliska och pannordiska politiska budskap, som romantiska fantasier om fornstora dagar. Exempel på den visades på internationella utställningar och på världsutställningen i Chicago 1893 fick besökare uppleva en norsk paviljong i form av en stavkyrka och dessutom se en replik av Gokstadsskeppet från 890-talet, som låg förtöjd i en konstgjord sjö omgiven av monumentala, vita byggnader i klassisk stil.

Den amerikansk publiken, och amerikanska formgivare som inspirerades av drakstilen, uppfattade nog det hela mest som spännande och exotiskt, något som under 1900-talet utnyttjats i nordisk marknadskommunikation. Men även i USA fanns en djupare innebörd med kopplingar till historia och kulturarv. På 1830-talet startade i USA en rörelse med målet att bevisa att vikingen Leif Eriksson var den första europén som steg i land i Amerika. På 1870-talet fick rörelsen ny kraft när nyanlända katoliker från Italien och Irland hyllade Columbus som sin hjälte, medan protestanter lyfte upp Eriksson som en förebild och pionjär och som en riktigt modig och företagsam Yankee.[1]

På 1920-talet avtog emigrationen till Amerika och andra typer av möten mellan Norden och USA påverkade i högre grad idéutbytet inom designområdet. Under 1900-talet ökade handeln mellan regionerna och utställningar på mässor och museer blev viktiga platser där människor kunde lära känna nya idéer, livsstilar, kulturer och världsbilder. Utställningar blev därmed än mer betydande som arenor för offentlig diplomati. De användes medvetet i kulturdiplomatiska syften eftersom de var tillfällen för nationer att med hjälp av kulturella företeelser presentera sig för varandra, knyta vänskapsband och utöva opinionsbildning. Ofta handlade det om så kallad mjuk makt, men under kalla kriget liknade utställningarna ibland ideologiska slagfält. Arkitektur, konst och design användes på liknande vis vid uppförandet av institutioner som ambassader och Förenta nationernas huvudkvarter.

Ett annat effektivt sätt, som en mer begränsad skara personligen fick uppleva, var möten och utbyten som skedde i samband med resor, utbildning och byggandet av professionella nätverk. Under 1900-talet gick påverkan i båda riktningarna över Atlanten. Företag och organisationer gjorde studieresor. Tack vare stipendier utdelade av till exempel American-Scandinavian Foundation, de nordiska ländernas respektive Amerikastiftelser och Fulbright Foundation, fick både amerikaner och nordbor möjlighet att studera och knyta kontakter. Särskilt viktigt för nordiska formgivare var Lunningpriset som instiftades 1952.

Broderskapsföreningen Sons of Norway grundades i Minneapolis 1895 med syftet att skapa gemenskap och trygghet för nyanlända norska invandrare. I slutet av 1800-talet växte föreningen snabbt och nya loger grundades i Minnesota och andra delar av USA.

↑

Blomsterskål i form av ett
vikingaskepp, modell D 900,
formgiven ca 1905
Silver, mässing

Gorham Manufacturing Company,
Durgin Division

→

Smörgåsbordstallrik, ca 1940
Trä, målad dekor

PER LYSNE (1880–1947)
Norsk, verksam i USA

↑

Bordslöpare, ca 1920
Ull, bomull, rosengång

EDWARD F. WORST (1866–1949)
Amerikansk

Vävaren och läraren Edward
F. Worst, som var son till tyska
emigranter, utbildade sig i USA
och Sverige. År 1908 studerade han
på Johanna Brunssons vävskola
i Stockholm och 1912 på slöjd-
seminariet på Nääs. Han grundade
Lockport Home Industry i Illinois,

importerade spinnrockar och väv-
stolar från Sverige och Norge samt
anlitade svenska invandrare som
vävare. 1918 gav han ut mönster-
boken *Foot-Power Loom Weaving*
med vävbeskrivningar för amatörer
och hemindustri.

Den här boken som ackompanjerar utställningen inleds med en essä där Helena Kåberg berättar om när svensk modern konstindustri 1927 fick möjlighet att möta en amerikansk publik. Vandringsutställningen *Swedish Contemporary Decorative Arts* kurerades av Svenska Slöjdföreningen som presenterade svensk design och dessutom passade på att föra fram föreningens progressiva reformidéer. Ur ett officiellt svenskt perspektiv var utställningen ett viktigt tillfälle för offentlig diplomati, men de amerikanska museerna som tog emot utställningen hade också en agenda. För dem var det viktigt att inspirera och driva på den inhemska konstindustrins modernisering.

Samma år grundades konst- och designskolan Cranbrook Academy of Art, som engagerade många skandinaviska lärare och kom att få en särskilt stor inverkan på amerikansk design. Bobbye Tigerman och Monica Obniski beskriver skolans pedagogik och residensprogram, som inte byggde på formell undervisning utan på att studenterna tillbringade all sin tid i ateljén och lärde av varandra och av praktiserande formgivare som fungerade som handledare – en metod som stärkte både självförtroendet och samarbetsförmågan.

Jørn Guldberg skildrar historien om den framgångsrika vandringsutställningen *Design in Scandinavia* i USA 1954–1957. Den organiserades av de nordiska slöjdföreningarna och ambitionerna liknade dem som låg bakom den svenska turnén på 1920-talet. Även denna gång fanns det en amerikansk agenda och Guldberg skildrar hur tidskriften *House Beautifuls* inflytelserika redaktör Elizabeth Gordon agerade. När husmarknaden och konsumtionen avstannade under andra världskriget fokuserade Gordon i sina texter på att planera och drömma om det ideala amerikanska efterkrigshemmet. Hon såg sig som en sanningssökande folkbildare, men hade en politiskt laddad kalla kriget-retorik och en tydlig smakfostrande ambition. Det som var viktigt för henne var att etablera en modern amerikansk stil där arkitektur och design var ett uttryck för en nationell identitet, individualism och demokrati. Hennes intresse för nordisk formgivning var genuint, men hon använde den också strategiskt som ett attraktivt alternativ till de tendenser till ett totalitärt tänkande som hon såg i den europeiska modernismen och som hon ansåg hotade få fotfäste i USA.

Maija Koskinen vänder på perspektivet och beskriver hur USA under efterkrigstiden använde turnerande utställningar med amerikansk design som en form av offentlig diplomati. I slutet av andra världskriget tog till exempel flera nordiska länder emot utställningen *Amerika bygger* som organiserades av Office of War Information och Museum of Modern Art (MoMA), New York. Maija Koskinen fokuserar på den turnerande utställningen *Amerikansk form*, skapad av US Information Agency och MoMA, och visar att den diplomatiska avsikten med denna och liknande utställningar var att sprida amerikanska värderingar under kalla kriget.

Denise Hagströmers essä behandlar inredningen i den sessionssal som används av FN:s säkerhetsråd och det samtida inredningsprogrammet för amerikanska ambassader, vilket bland annat kom att tillämpas i de nya amerikanska ambassaderna i de nordiska huvudstäderna. I sin framställning visar hon hur dessa miljöer är ett uttryck för det nära sambandet mellan design, arkitektur och diplomati.

Parallellt pågick en import av film, musik, bilar, mode och andra konsumtionsvaror från Amerika till Europa. Även privatpersoner bidrog till att sprida alternativ till MoMA:s designideal och Siv Ringdal beskriver hur norska emigranter på 1950-talet återvände till Norge med flyttlass fyllda av amerikanskt bohag, till exempel köksinredningar och apparater med förkromade detaljer. Dessa ofta anonyma livsstilsprodukter, som kallats Populuxe, var ett uttryck för den sprudlande livsglädjen och överflödet i den samtida amerikanska masskulturen.

1960-talet förde med sig stora politiska och ekonomiska förändringar, vilket självklart även påverkade vilka idéer som stöttes och blöttes i möten mellan människor som arbetade med och konsumerade konst och design. Patrik Steorn beskriver hur modevärlden blev alltmer polycentrisk och att intresset för att upptäcka nya rörelser ledde till att de nordiska länderna fick uppmärksamhet för en konfektion som balanserade vardaglig enkelhet med färgstark formgivning.

I sin essä om amerikansk-skandinaviskt hantverksutbyte noterar Glenn Adamson att Skandinavien på 1950-talet framstod som "en idealisk, rentav utopisk miljö för hantverksproduktion som präglades av en fulländad symbios mellan hantverkaren och industrin". Men också att rollerna på 1960-talet blev ombytta. Amerikanska hantverkare och formgivare, och i synnerhet de vars bas var i Kalifornien, banade nu väg för "ett nytt, experimentellt och i alla avseenden individualistiskt förhållningssätt till hantverk". Följden blev att skandinaverna vände sig till USA för inspiration. Adamson kartlägger hur detta ömsesidiga inflytande och dessa korsbefruktningar utvecklades över tid.

Lars Bang Larsen ägnar sig åt de närliggande områdena konst och visuell kultur och visar hur Vietnamkriget var avgörande för att "många människor i väst – däribland konstnärer – vände sig politiskt mot USA för första gången sedan andra världskriget". Samtidigt inspirerades konstnärer av amerikansk motkulturell politik, amerikansk populärkultur och ny amerikansk teknik. På så sätt tydliggör den konstnärliga dialogen mellan Skandinavien och USA att relationen mellan de båda regionerna vid denna tid präglades av stor ambivalens.

I bokens sista kapitel tar Kjetil Fallan upp nya aspekter på den "sociala vändning" som präglade skandinavisk design från mitten av 1960-talet till tidigt 1980-tal, vilket var en period då socialt medvetande, globala frågor och ekologiskt engagemang stod i blickpunkten. Även om designkulturerna i Skandinavien och USA gick i olika riktning under dessa år klargör Fallan att det ändå fanns viktiga transatlantiska förbindelser.

Den här boken och utställningen som ackompanjerar den lägger tonvikten på händelser och utvecklingslinjer som hänför sig till Sverige och Norge, något som hör samman med att utställningens publik återfinns i Stockholm och Oslo.

Scandinavian Design & USA skildrar designrörelser och designfenomen som nu återupptäcks av kuratorer och forskare på båda sidor om Atlanten. Förhoppningen är att de kommer att fortsätta omvärderingen av skandinavisk design och dess förbindelser med USA. ■

DENISE HAGSTRÖMER OCH HELENA KÅBERG

←

Bordslampa, *Laurabelle*
A. Robinson House, 1906
Ek, siden

CHARLES SUMNER GREENE
(1868–1957)
Amerikansk

HENRY MATHER GREENE
(1870–1954)
Amerikansk

PETER HALL
(1867–1939)
Svensk, verksam i USA

JOHN HALL
(1864–1940)
Svensk, verksam i USA

Peter Hall Manufacturing Company

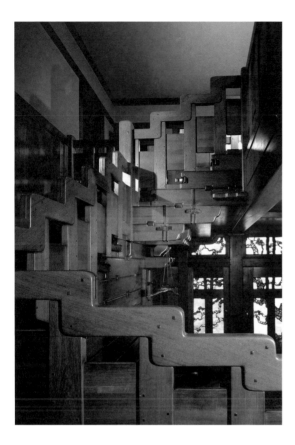

← *Gamble House*, Pasadena.
Greene & Greene, 1908–09.
Exteriör och vy av huvudtrappan
till andra våningen.

↓ Karmstol, Robert R. Blacker
House, 1907

Mahogny, ebenholts, ek, läder

CHARLES SUMNER GREENE
(1868–1957)

Amerikansk

HENRY MATHER GREENE
(1870–1954)

Amerikansk

PETER HALL
(1867–1939)

Svensk, verksam i USA

JOHN HALL
(1864–1940)

Svensk, verksam i USA

Peter Hall Manufacturing Company

Peter och John Hall emigrerade
som barn från Stockholm till
Illinois. I början av 1900-talet
drev de en byggfirma i Kalifornien
och gjorde sig kända som skickliga
finsnickare. Arkitektkontoret
Greene & Greene i Pasadena anlitade
bröderna Hall och tack vare dem
kunde bröderna Charles Sumner
och Henry Mather Greene förverk-
liga sin vision om att uppföra
exklusiva bungalows i Arts and
Crafts-stil med skräddarsydda
inredningar och möbler.

↑

Väv, *Maskros*, 1893
Ull, silke, bomull

FRIDA HANSEN (1855–1931)
Norsk

Den norska Kvinnosaksföreningen
gav Frida Hansen i uppdrag att
skapa en väv om kvinnors rätt och
plats i samhället till den norska
sektionen i Kvinnornas paviljong på
världsutställningen i Chicago 1893.
Hennes väv berättar i ord och bild
om att kvinnor, precis som mask-
rosor, växer ju mer de trampas på.
I början av 1900-talet visades
Hansens innovativa vävar ofta
i östra USA, bland annat tack vare
den norska emigranten Berthea
Aske Bergh som samlade på dem
och arrangerade utställningar.

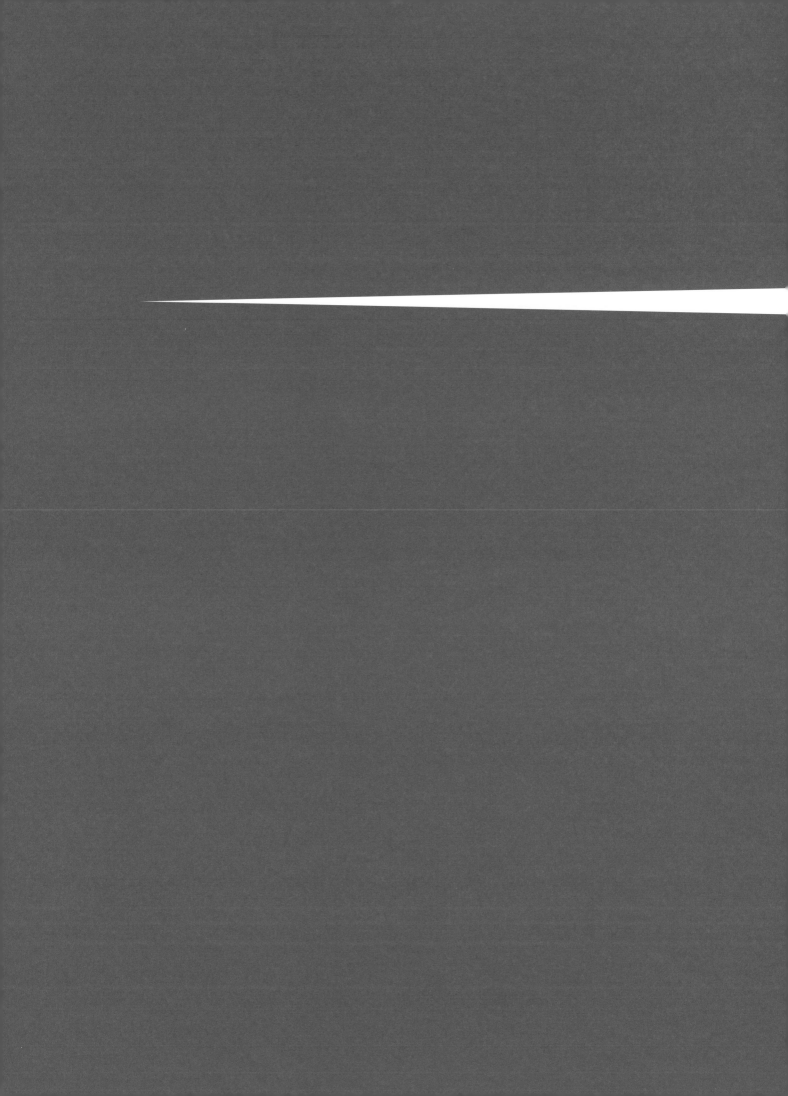

1

Offentlig diplomati och svensk design på utställningar i 1920-talets USA

HELENA KÅBERG

MODERN SVENSK FORMGIVNING visas och förvärvas på 1920-talet av flera ledande amerikanska konstmuseer.[1] Ofta beskrivs detta som ett genombrott för svensk design i USA. Denna enkla slutsats döljer dock flera lager av betydande sammanhang som rör estetik och designreform, men även handel och politik. Att svenskt glas uppmärksammades på den internationella utställningen för modernt konsthantverk och design i Paris 1925 banade vägen. Men det krävdes också att amerikanska och svenska strävanden gällande en rad andra frågor sammanföll. De lärdomar USA:s delegater på utställningen i Paris tog med sig hem får här illustrera den amerikanska agendan. Den vandringsutställning med svenskt konsthantverk som startade i New York 1927 berättar om gemensamma svensk-amerikanska mål, men även att turnén ur svenskt perspektiv var en fråga om offentlig diplomati.

USA OCH PARISUTSTÄLLNINGEN 1925

Utställningen *L'Exposition Internationale des Arts Décoratifs et Industriels Modernes* var inriktad på konstindustri. Utställarna uppmanades att enbart visa arbeten utförda i modern anda. Föremål i historiska stilar var inte välkomna. Tillverkarna ombads även att lyfta fram och namnge konstnärer och formgivare.

Frankrike tog störst plats, men stora ytor hade även reserverats för Storbritannien, Italien, Belgien och USA, som under första världskriget var Frankrikes närmaste allierade. USA tackade dock nej till att delta eftersom den interna bedömningen var att amerikansk konstindustri inte kunde visa upp tillräckligt attraktiv modern design. I stället gav den amerikanska handelsministern en kommission i uppdrag att besöka Parisutställningen och, med hjälp av 180 amerikanska specialister och delegater från olika nationella handelsförbund, rapportera intryck som kunde vara till gagn för den nationella industrins utveckling.[2]

Kommissionens rapport slog fast att USA trots allt borde ha deltagit för att visa goodwill och framföra ett tack till Frankrike som 1914 deltog i mässan

↑

Fyrverkeriskålen, formgiven 1921
Glas, graverat

EDWARD HALD (1883–1980)
Svensk

Orrefors glasbruk

Fyrverkeriskålen visades på den svenska vandringsutställningen i USA och ett exemplar förvärvades av Metropolitan Museum of Art.

Panama-Pacific i San Francisco, trots att den tyska armén samtidigt tågade mot Paris. Den drog även slutsatsen att USA, för att stå sig i den nationella och internationella konkurrensen, måste utveckla varor anpassade till det moderna livet och den breda marknadens behov. Den amerikanska konstindustrin hade stor kapacitet att massproducera och massdistribuera. Men kommissionen menade att det fanns en ovilja till nya idéer. Industrin fortsatte i gamla, konservativa hjulspår i hopp om att detta var vägen till säker vinst. Till skillnad från hur det fungerade i Europa saknade industrin konstnärliga ledare och konstnärligt utbildade formgivare som drev utvecklingen. Högre designutbildningar med lärare som praktiserade och var ledande inom sina fält saknades också. Dessutom behövdes det intresseorganisationer och en utställningsverksamhet som förmedlade kunskap och inspiration.

För att sprida budskapen och visa goda exempel organiserade The American Association of Museums en vandringsutställning med 398 handplockade föremål, som visats i Paris. Utställningen öppnade i Boston 1926 och turnerade därefter vidare till New York, Philadelphia, Cleveland, Detroit, Chicago, St. Louis och Minneapolis. Samtliga föremål i utställningen var till salu.[3]

Franska föremål dominerade, men även svensk och dansk formgivning ingick. Från Sverige visades graverat Orreforsglas samt vävar och mattor av Märta Måås-Fjätterström, Annie Frykholm för Thyra Grafströms textilaffär, Carin Wästberg för Handarbetets vänner och Eva Nilsson för Malmöhus Hemslöjdsförening. Från Danmark visades silver från Georg Jensen och keramik från Bing & Gröndahl, Den Kongelige Porcelainsfabrik och Kähler.

Positiva omdömen handlade framförallt om innovativa tekniker och dekorativa effekter samt enkla och eleganta linjer utan referenser till historiska förebilder.

SVENSK DESIGN VISAS I USA

Den amerikanska kommissionens analys kom inte som en överraskning. Sedan en tid pågick diskussioner om hur konstindustrin kunde reformeras. Newark Museum ställde redan i början av 1910-talet ut industriell konst.[4] Metropolitan Museum of Art i New York visade från 1917 årligen utställningar som var tänkta att inspirera till förnyelse. Historiska stilar dominerade förvisso, men 1922 börjar den inflytelserike intendenten för konsthantverk Joseph Breck, som också var museets biträdande direktör, att förvärva och visa mer modern design från bland annat Frankrike och Danmark.[5] Vandringsutställningen 1926 skakade om och 1927 ersattes den årliga amerikanska konstindustriutställningen av en exposé med modern svensk formgivning, kallad *Exhibition of Swedish Contemporary Decorative Arts*. Även de svenska föremålen hade visats i Paris 1925 och precis som i Paris var Svenska Slöjdföreningens ordförande Gregor Paulsson kommissarie och Carl Bergsten utställningsarkitekt. Utställningen var den första i USA som var tillägnad industrikonst från ett enskilt land och besökarna fick alltså en helsvensk konstupplevelse. Den svenska formgivningen gav perspektiv på amerikansk industri och påverkade, om än i en begränsad krets, opinionen.

Presentationen förmedlade progressiva idéer om den viktiga roll konstnärer kunde spela i industrin och propagerade för sociala mål, som skönhet för alla och vackrare vardagsvara.[6] Breck framhöll även att formgivningen förvaltade arvet efter en handfast folkkonst och franskt 1700-tal, som nu omvandlats till klassisk enkelhet präglad av nykter självbehärskning, elegans och förfining. Detta är värderingar om svensk design som, i olika former, än i dag brukar framhållas.[7]

Svenska Slöjdföreningen och dess medlemmar ville självklart, både av kommersiella och ideologiska skäl, sprida dessa reformidéer. Att bjudas in till ett av världens ledande konstmuseer var en ära och ur ett officiellt svenskt perspektiv var utställningen ett viktigt tillfälle för offentlig diplomati där kunskap om Sverige kunde förbättras och vänskapsband knytas.

Sverige-Amerika Stiftelsen grundades 1919 i syfte att stärka de kulturella och vetenskapliga relationerna mellan Sverige och USA.[8] Den svenska neutralitetspolitiken under första världskriget skadade Sveriges anseende i USA. Utrikesdepartementet och Sverige-Amerika Stiftelsen tog därför gemensamt initiativet till att i New York inrätta Svensk-amerikanska nyhetsbyrån vars

uppgift blev att sprida information och kunskap om Sverige.[9] En svensk utställning låg helt i linje med dessa ambitioner. Den vanliga berättelsen är att idén kläcktes redan under Parisutställningen och framfördes av den konsthantverksintresserade svenske kronprinsen Gustaf Adolf, amatörarkeolog och samlare av kinesiskt porslin, när han 1926 besökte Metropolitanmuseet. Projektet stöttades även aktivt av den svenske envoyén Wollmar Boström och generalkonsuln i New York Olof H. Lamm. I den kungliga utställningskommittén ingick också prins Eugen, den före detta svenske envoyén i USA Herman Lagercrantz och Nordiska Kompaniets direktör Josef Sachs.

↑

Utställning av svensk konstindustri på Metropolitan Museum of Art, New York, 1927

Joseph Breck berättade i *The Metropolitan Museum of Art Bulletin* att utställningen gav kunskap om svensk konst och kultur och skapade bättre samförstånd mellan länderna. Den hade kungligt beskydd, men trots Brecks uppenbara skepsis gentemot den gamla monarkiska ordningen välkomnade han utställningen till det demokratiska USA. Breck framhöll dessutom att det faktiskt var en demokratiskt förankrad utställning eftersom det bland de vackra föremålen fanns både de som var av hög kvalitet och många som inte kostade så mycket och tilltalade medelklassens smak och behov.[10]

Utställningen vandrade vidare till Chicago och avslutade i Detroit.[11] Föremålen var, som nämnts, alla till salu och en av köparna var George Booth, som samma år grundat Cranbrook Academy of Art. Booth köpte en urna av Wilhelm Kåge från Gustavsberg, en vas av Bobergs fajansfabrik, en pall av Carl Hörvik, en kista med intarsiadekor av Carl Malmsten, en Dianaurna från Näfveqvarns bruk av Ivar Jonsson samt armatur och flaska i graverat glas från Orrefors.[12] Takarmaturer från Orrefors användes sedan även i stora matsalen på Cranbrook Acadamy of Art. ■

↑

Gazellskålen, 1935

Glas, graverat

SIDNEY WAUGH (1904–1963)

Amerikansk

Steuben Glass, division of Corning
Glass Works

Likheter mellan svenskt glas och
föremål tillverkade av Corning
Glass Works division Steuben
är ingen slump. På 1920-talet
uppmärksammades svenskt glas
på amerikanska utställningar
och i publikationer. Formgivaren
Sidney Waugh besökte även
personligen Orrefors 1930 och
dessutom anställde Steuben på
1930-talet svenska glasblåsare
som förmän i produktionen.

→

Matbord och golvskärm, 1928

Mahogny, tenn, mässing

UNO ÅHRÉN (1897–1977)

Svensk

Svenskt Tenn

Mrs. Isabelle Mann Clow, från
Lake Forest, Illinois, besökte
1928 Europa för att köpa möbler
till sitt nya exklusiva hem, vilket
ritats av arkitekten David Adler
i klassicerande stil. På inköps-
listan stod ett matsalsbord i glas
från Lalique i Paris. Ett besök
på Svenskt Tenn ändrade planen
och Uno Åhrén fick uppdraget
att rita ett bord för 18 personer
och en hög golvskärm, allt i
mahogny, klätt i matt tenn och
med inläggningar i blank mässing
i form av ett geometriskt mönster.
Till sin salong köpte mrs Clow
även fåtöljer av Åhrén, produce-
rade av Mobila till utställningen
i Paris 1925.

↑

Ljusstakar, 1920–21
Silver

PETER BERG (1885–1959)
Norsk, verksam i USA, designer

YNGVE OLSSON (1896–1970)
Dansk, verksam i USA, silversmed

Kalo Shop

Dessa kandelabrar, producerade av Kalo Shop i Chicago, är ett exempel på företagets vision om ett kollektivt hantverk. Den norske silversmeden Peter Berg skapade de femarmade ljusstakarna och den danske konstnären Yngve Olsson smyckade basen med krysantemumblommor och blad genom att använda ciselering och drivning – tekniker som skapade en siluettverkan. Kalo Shop insåg värdet av den höga kompetens som fanns hos dem som utbildat sig utomlands och uppmuntrade till samarbete mellan konstnärer.

Modern American cocktailset,
1928 (1930)
Silver, bakelit

ERIK MAGNUSSEN (1884–1961)
Dansk, verksam i USA

Gorham Manufacturing Company

Den danske silversmeden Erik
Magnussen anställdes 1925 av
Gorham för att modernisera
företagets serviser. Hans enkla
former utan dekor uppfattades som
ett modernt alternativ till ornamen-
talt europeiskt silver i historiska
stilar. Magnussens design tolkades
även som amerikansk eftersom
den förde tankarna till silver från
kolonialtiden och arbeten av till
exempel smeden Paul Revere, som
hyllades både för sitt hantverk
och för sina insatser på den ameri-
kanska sidan vid Tebjudningen i
Boston 1773.

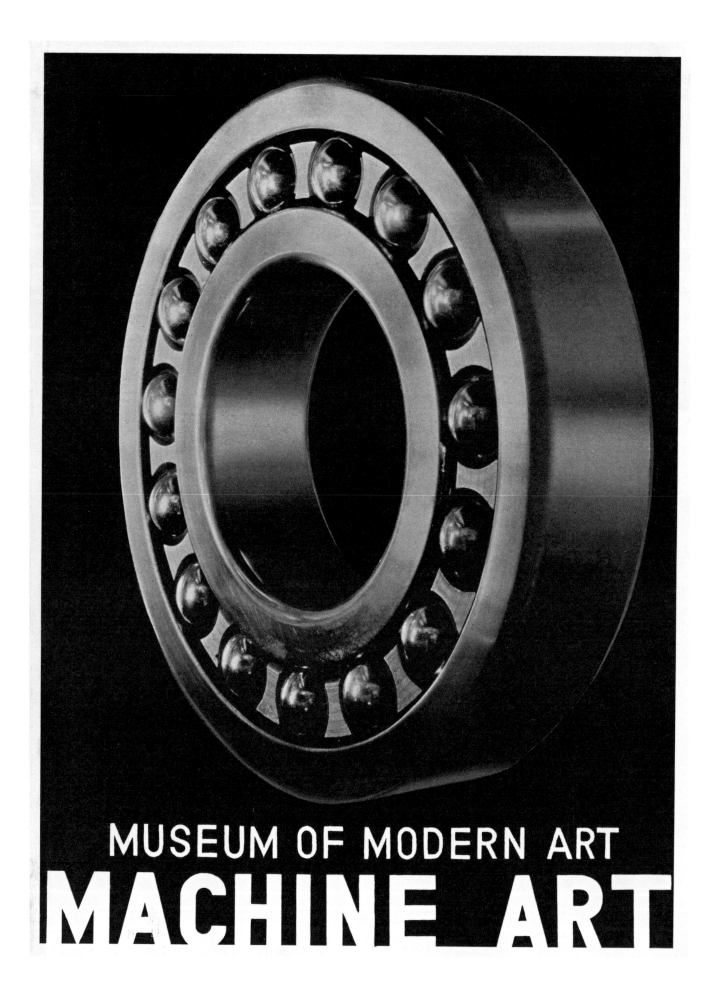

MUSEUM OF MODERN ART
MACHINE ART

→

Kylskåp, 1938, 1939
Gouache på papper

RAYMOND LOEWY (1893–1986)
Fransk, verksam i USA

USA var ett föregångsland inom industridesign och formgivaren Raymond Loewy var en förgrundsgestalt i branschen. Han var expert på att styla och paketera produkter. Under karriären anlitades han av över 200 företag. Hans nya version av Sears kylskåp Coldspot 1934, med strömlinjeformer och aluminiumhyllor, ökade försäljningen med 300 procent.[1] Som en följd anlitades Loewy i slutet av 1930-talet även av Electrolux.

1 Art Deco Chicago. *Designing Modern America,* Robert Bruegmann (red.), New Haven och London, 2018, s. 11.

→

Golvbonare, förslag, 1938
Akvarell på papper

RAYMOND LOEWY (1893–1986)
Fransk, verksam i USA

←

Ett sfäriskt svenskt kullager, tillverkat i USA, prydde 1934 katalogen till MoMA:s första industridesignutställning. I denna, som fick titeln *Machine Art*, visades maskiner, maskinkomponenter, vetenskapliga instrument och utrustning för laboratorier, kontor, kök och hem som konst. Objekten var funktionella, men tillskrevs även en abstrakt skönhet baserad på raka linjer och cirklar samt perfekta, blanka ytor utan dekor. Kullagret, som finns i maskiner med rörliga delar och fördelar tyngd och minskar friktion, var den självklara sinnebilden för denna maskinestetik.

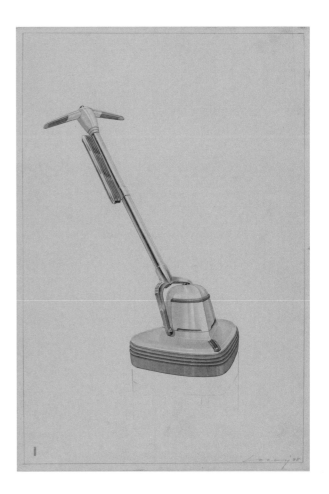

Hushållsmaskiner, "Styled by G. Knölén", parodi på Ralph Lysells amerikanska stil, u.å.
Gouache på papper

SIXTEN SASON (1912–1967)
Svensk

Sixten Sason var en av Sveriges första industriformgivare. Han började som tonåring göra illustrationer i motortidningar, men övergick på 1930-talet till att designa industriprodukter för en rad svenska företag. Han formgav till exempel den första Saabbilen, Hasselbladskameran samt hushållsmaskiner för Electrolux. Här driver han med Ralph Lysells förföriska airbrush-teknik, som får alla produkter att skina.

Elektrisk vattenkokare, 1945
Gouache på papper

RALPH LYSELL (1907–1987)
Svensk, verksam i USA, Tyskland och Sverige

Ralph Lysell flyttade som tonåring till USA dit hans mor hade utvandrat när han var barn. Sin tekniska utbildning fick han på aftonkurser på Columbia University i New York. På 1930-talet var han testförare för Mercedes-Benz i Tyskland. När kriget bröt ut fick han arbete för LM Ericson i Sverige. Lysell grundade 1945 AB Industriell Formgivning och vann uppmärksamhet bland annat för sina attraktiva produkt-presentationer i airbrushteknik på svart kartong.

2

Cranbrook Academy of Art
En knutpunkt för skandinavisk design i USA

BOBBYE TIGERMAN OCH MONICA OBNISKI

UNDER HELA 1900-TALET undervisade skandinaviska formgivare och hantverkare i amerikanska skolor och handledde sina elever i deras utveckling. Det fanns dock en institution som hade många skandinaviska lärare och som hade en särskilt stor inverkan på amerikansk design – Cranbrook Academy of Art. Skolan ligger i Bloomfield Hills i Michigan (nära Detroit), och grundades 1927 av tidningsutgivaren och konstmecenaten George G. Booth och hans hustru, filantropen Ellen Scripps Booth. Bland lärarna fanns många ledande nordiska konstnärer, arkitekter, formgivare och hantverkare som lockade till sig lovande amerikanska studenter. Cranbrook fungerade som en experimentverkstad för dem som kom att bli USA:s viktigaste formgivare under 1900-talet och genom dem påverkade Cranbrook i grunden det sätt på vilket skandinavisk design kom att forma amerikansk design.

1924 bjöd paret Booth in den finske arkitekten Eliel Saarinen till Cranbrook. Avsikten var att han skulle göra ett förslag till en arkitektonisk plan för Cranbrooks campus och fungera som pedagogisk rådgivare till skolan.[1] Saarinen kom att rita flera byggnader för Cranbrook, bland annat Cranbrook School for Boys, Kingswood School for Girls, Cranbrook Institute of Science och Cranbrook Art Museum samt bostadshus för sin egen familj och för den svenske skulptören Carl Milles, som han 1931 värvade till skolan som lärare i skulptur. Många av dessa byggnader ses på gobelängen Cranbrook Map, som vävdes 1935 på Studio Loja Saarinen, den ateljé som skapats av Saarinens hustru Loja. Gobelängen visar inte bara befintliga byggnader utan också Saarinens ambitioner för campusets framtida utvidgning. Cranbrooks roll som knutpunkt för en Skandinavieninspirerad designutbildning berodde till stor del på Saarinens omfattande nätverk av nordiska formgivare och hantverkare och hans förmåga att locka dem till institutionen. Något som också fick betydelse var att erfarenheterna från Cranbrook lade grunden till en sammansvetsad gemenskap som upprätthölls även efter att studenterna hade lämnat skolan.

Dessutom var skolans pedagogik unik. Paret Booth tänkte sig Cranbrook som den främsta amerikanska institutionen för konst- och hantverksutbildning,

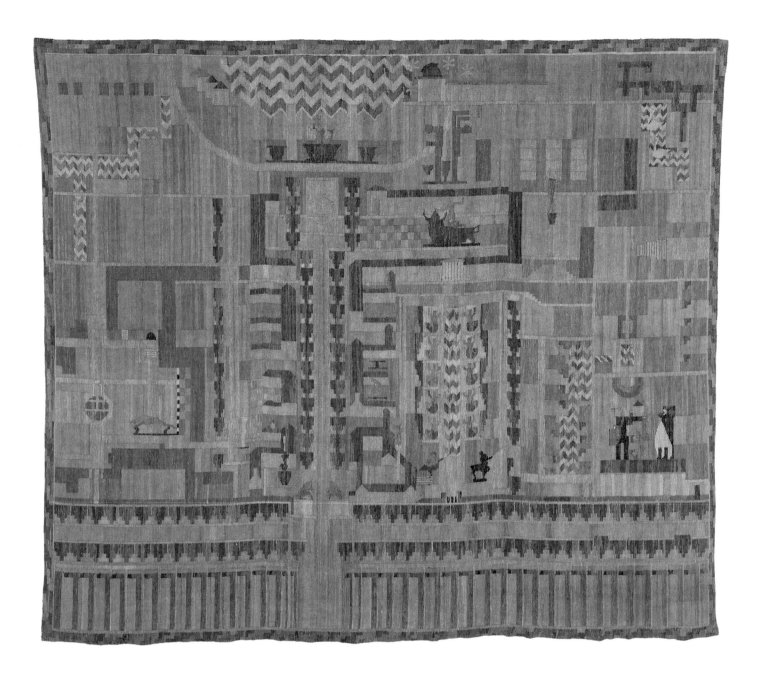

↑

Vävnad, karta över Cranbrook, 1935
Ull, lin, silke

ELIEL SAARINEN (1873–1950)
Finsk, verksam i USA, designer

LILLIAN HOLM (1896–1979)
Svensk, verksam i USA, vävare
(attribuerad)

RUTH INGVARSON (1897–1969)
Svensk, verksam i USA, vävare
(attribuerad)

Studio Loja Saarinen

Väven skildrar campusområdet
på Cranbrook i Bloomfield Hills,
Michigan. Cranbrook, som bestod
av en konstskola, två internat-
skolor och några andra utbildnings-
institutioner, fick avgörande
betydelse för utbytet mellan de
skandinaviska och amerikanska
designkulturerna under 1900-talet.
Här ser vi många av de byggnader
som ritades av den framstående
finländske arkitekten Eliel Saarinen
och skulpturer av Carl Milles,
som undervisade på Cranbrook
Academy of Art.

↑

Cranbrook Academy of Art,
Bloomfield Hills, Michigan, 1947.
Vy med Academy Way (vänster),
Cranbrook Art Museum (centrum)
och Lone Pine Road i förgrunden.
På håll syns Institute of Science.

↑

Studie för vävnaden *Festival of the May Queen*, Kingswood School for Girls, 1932
Akvarell, gouache och blyerts på kalkerpapper

ELIEL SAARINEN (1873–1950)
Finsk, verksam i USA

LOJA SAARINEN (1879–1968)
Finsk, verksam i USA

Teckningen är en förstudie till den monumentala vävnaden i matsalen på Kingswood School. Det matriarkala temat var passande på en flickskola. Vävnaden skapades av vävare vid Studio Loja Saarinen, en oberoende verkstad på Cranbrooks campus där flera svenskfödda vävare var anställda. Verkets lätthet

åstadkoms genom att lämna luckor i väven. Det är en teknik som förknippas med den norska väverskan Frida Hansen.

↑

Kingswood School for Girls, Cranbrook. Matsalen med väven *Festival of the May Queen* på södra väggen, tidigt 1930-tal.

The Kingswood School for Girls på Cranbrook, som uppfördes 1929–1931, var ett kollektivt projekt för familjen Saarinen. Eliel ritade campus. Väggtextilier och mattor tillverkades av Cranbrooks vävstudio, som leddes av Loja Saarinen. Eliels och Lojas dotter Pipsan Saarinen Swanson skapade schablonerna som pryder väggarna i hörsalen och en balsal, och sonen Eero Saarinen ansvarade ansvarade för matsalens inredning.

Studio Loja Saarinens showroom, 1933. På väggen hänger en studie och en provväv till vävnaden *Festival of the May Queen*.

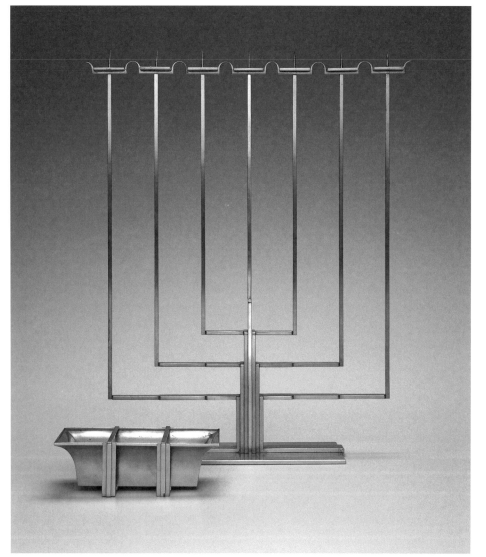

←

Ljusstake, 1947
Mässing, kromad

J. ROBERT F. SWANSON
(1900–1981)
Amerikansk

Saarinen Swanson Group
Cray

löst baserad på American Academy i Rom som var uppbyggt som ett residens-program. Det fanns inga formella klasser. I stället förväntades studenterna tillbringa all sin tid i ateljén, där de utvecklade relationer med sina handledare och lärde sig av varandra. Detta tillvägagångssätt stärkte både självförtroendet och samarbetsförmågan.

Booth medverkade till att få Milles till campuset. Han hade dessförinnan förvärvat svenska föremål från den turnerande utställningen *Exhibition of Swedish Contemporary Decorative Arts* 1927[2] och det Chicagobaserade *Swedish Arts and Crafts Company*, bland annat Milles *Solglitter*.[3] Den svenske skulptören skulle få ett visst erkännande i Amerika (bland annat genom reportage i tidskrifterna *Vogue* och *Life*) och skördade uppdrag i flera ameri-kanska städer. Milles var förtjust i den amerikanska kulturen. Han tänkte sig att även han skulle kunna lära av amerikanerna och kommenterade att "de är mycket fantasifulla, och deras vänlighet och generositet är kolossal".[4]

1938 anställde Saarinen den finska keramikern Maija Grotell som chef för Cranbrooks keramikavdelning och hon kom att undervisa där fram till 1966.[5] När Grotell kom till Cranbrook var keramikundervisningen i stor utsträckning inriktad på hobbykeramiker, men efter andra världskriget byggde hon upp en utbildning som kom att fostra många professionella keramiker och lärare.

Året innan Saarinen värvade Grotell bjöd han in den finska textildesignern Marianne Strengell för att hon skulle undervisa i vävning. Hon blev 1942 chef för vävarutbildningen och uppdaterade sedan gradvis läroplanen, som tidgare huvudsakligen varit baserad på handvävning.[6] Bland annat införde hon handledning i maskinvävning och textiltryck. Strengells intresse för nya tekniker och syntetmaterial avspeglade det som var fokus i hennes eget professionella arbete, där hon lade stor vikt vid samarbeten med industrin och arkitektfirmor. Hennes studenter menade att hon var en förebild – både genom sina målmedvetna karriärambitioner och de professionella relatio-ner som hon skapade med industrin – som formade deras professionella målsättningar och uppmuntrade dem att tänka sig karriärer bortom de tra-ditionella förväntningarna. Strengells studenter gick vidare med karriärer på väldigt olika områden inom textilfältet, från de enastående skulpturala

→

Vas, ca 1950
Stengods

MAIJA GROTELL (1899–1973)
Finsk, verksam i USA

Utmärkande för Grotells arbeten är starka färgkontraster och geometrisk dekor i lågrelief. Till hennes framstående elever hör den abstrakta keramikern Toshiko Takaezu; Leza McVey, som under 1950-talet gjorde asymmetriska, biomorfa skulpturer; Harvey Littleton, en av de mest inflytelse-rika personerna i den amerikanska studioglasrörelsen; och Richard DeVore, som efterträdde Grotell som keramiklärare på Cranbrook.

gobelänger som skapades av Alice Kagawa Parrott och Ed Rossbach till det textilimperium som byggdes upp av Jack Lenor Larsen.

De nordiska konsthantverkarna arbetade inte bara som handledare, de hade en rad andra uppgifter på Cranbrook. 1930 kom den svenske möbelsnickaren Tor Berglund (som gått i lära hos Carl Malmsten) dit och bidrog med formgivning från sitt snickeri över hela campus, bland annat med möbler ritade av Eliel Saarinen.[7] Loja Saarinen i sin tur anlitade svenska vävare i sin ateljé, däribland Lillian Holm och Ruth Ingvarson, som tros ha vävt *Cranbrook Map*.[8] Vidare anlitades norska stenmurarmästare för att bygga Kingswood School.[9]

Cranbrooks studenter under 1940- och 1950-talet kom att konkurrera ut sina lärare vad gäller inflytandet på modern amerikansk design och flera blev ledande inom sina respektive områden. Till de framstående hör formgivare som Benjamin Baldwin, Harry Bertoia, Charles Eames, Ray Eames, Florence Knoll, Ralph Rapson och Harry Weese. Medan Charles Eames fortfarande var student på Cranbrook samarbetade han och Eero Saarinen om ett möblemang till Museum of Modern Arts tävling *Organic Design in Home Furnishings* 1940. Deras plaststol förebådade framtiden för massproducerade sittmöbler. Arkitekten Ralph Rapson, som lärde sig värdet av samarbete från Saarinen och andra på Cranbrook, fick använding för dessa erfarenheter när det amerikanska utrikesdepartementet anlitade honom för att rita flera amerikanska ambassader, däribland de i Köpenhamn och Stockholm.

Kingswood Schools mest framstående elev var Florence Knoll (född Schust), som utexaminerades 1936. Knoll hade blivit föräldralös innan hon började på Cranbrook och kom att stå nära hela familjen Saarinen, hon var till och med på semester med dem i Finland. 1943 träffade hon den tyske möbelentreprenören Hans Knoll i New York och tillsammans byggde de upp firman Knoll Associates, Inc. Florence Knoll ledde företagets designkonsultbyrå, Knoll Planning Unit, som ansvarade för flera modernistiska företagsinredningar.[10] Ofta byggde hon modeller av tygprover och trästickor för att förmedla intrycket av det fullt möblerade rummet. Knoll lärde sig denna teknik av Loja Saarinen 1935, då Saarinen gav henne en modell av en klänning i julklapp och den uppsydda klänningen strax därefter. Knoll är ett exempel på hur Cranbrook-nätverket fortsatte att fungera bortom Michigan. Hon fick till exempel många formgivare som hon kände från Cranbrook att skapa möbler och textilier för Knoll-linjen, bland andra Harry Bertoia, Ralph Rapson, Eero Saarinen och Marianne Strengell.

Cranbrook lockade inte bara en inflytelserik fast lärarkår och annan personal utan också en rad viktiga arkitekter som gästföreläsare. Eliel Saarinens landsman Alvar Aalto reste till Cranbrook tre gånger, två gånger för personliga besök hos Saarinen och en gång 1940 för att föreläsa offentligt.[11] 1946 erbjöds han till och med att bli partner på Saarinens arkitektkontor på Cranbrook, men avböjde och valde att stanna kvar i Finland. Till de viktiga arkitekter som besökte Cranbrook under de tidiga åren hörde Frank Lloyd Wright, som höll föreläsningar 1935, 1937 och 1945.[12] I samband med Le Corbusiers besök i Detroit 1935 anordnade Cranbrook en liten utställning med den franske arkitektens arbete och var arrangör för en välbesökt föreläsning, något som vittnade om skolans betydelse som värd för internationellt kända arkitekter.[13]

Cranbrooks position som lärosäte och social kontaktyta var en följd av dess arkitektoniskt betydande campus, unika pedagogik och kända lärare, men institutionens betydelse kan inte begränsas till enbart dessa faktorer. Cranbrooks bestående arv är dess många begåvade studenter. Till dem hör några av de viktigaste formgivarna i generationen som kom fram efter andra världskriget, till exempel Charles och Ray Eames, Florence Knoll och Eero Saarinen.[14] Genom att främja denna samarbetsinriktade gemenskap utvidgades Cranbrooks nätverk bortom Bloomfield Hills och medlemmarna i dess ekosystem blev stora namn i ett globalt nätverk som påverkade designhistoriens gång. ■

→

Stol, bidrag till tävlingen
Organic Design in Home Furnishings,
Museum of Modern Art,
New York, 1941
Mahogny, ull (utbytt)

CHARLES EAMES (1907–1978)
Amerikansk, designer

EERO SAARINEN (1910–1961)
Finsk, verksam i USA, designer

MARLI EHRMANN (1904–1982)
Tysk, verksam i USA, textildesigner

Haskelite Manufacturing Corporation
Heywood-Wakefield Corporation

När Charles Eames och Eero Saarinen var kollegor på Cranbrook samarbetade de om en möbelgrupp som bidrag till tävlingen *Organic Design in Home Furnishings* som Museum of Modern Art anordnade 1940. De använde formpressad plywood för att skapa en sits i ett enda material, i stället för att som i traditionella sittmöbler använda flera lager av stödjande konstruktioner och stoppning. Stolen sattes aldrig i produktion, men de båda formgivarna kom längre fram att var för sig skapa en stol utförd i ett enda material. I båda fallen var de av plast – Eames *DAX* och Saarinens *Pedestal*.

↑

Arbetsstol, model 41, 1934 (1935)
Böjlimmad bok, sadelgjord av jute

BRUNO MATHSSON (1907–1988)
Svensk

Firma Karl Mathsson

Ett av de föremål i den svenska paviljongen på världsutställningen i New York som intresserade besökarna var Bruno Mathssons stol, som var både ergonomisk och funktionell och som levde upp till Sveriges moderna mål om att förbättra livsföringen med hjälp av tilltalande design. Efter att ha studerat hur den mänskliga kroppen sitter i samband med olika aktiviteter designade Mathsson en stol som anpassade sig till individen. Bland annat använde han sadelgjord för att kunna följa den mänskliga kroppens former och åstadkom på så sätt bättre sittkomfort.

↓

Länstol för Paimios
sanatorium, 1932
Björk

ALVAR AALTO (1898–1976)
Finsk

Artek

På världsutställningen i New York
1939 uppmärksammades den finska
paviljongen, ritad av Alvar och Aino
Aalto. Mot en monumental och
svallande vägg av trä, indelad i flera
böljande register, visades stora
fotografier av finsk natur och finska
fabriker och produkter. Ett föremål
som väckte intresse och inspirerade
amerikanska formgivare var län-
stolen i böjträ, ursprungligen ritad
för Paimios sanatorium. Den var
visuellt och tekniskt nytänkande,
materialsnålt utförd i trä och sågs
som ett attraktivt alternativ till
stålrörsmöbler.

→

*Swedish Modern. A Movement
Towards Sanity in Design*
Utställningskatalog för Svenska
paviljongen på världsutställningen
i New York, 1939

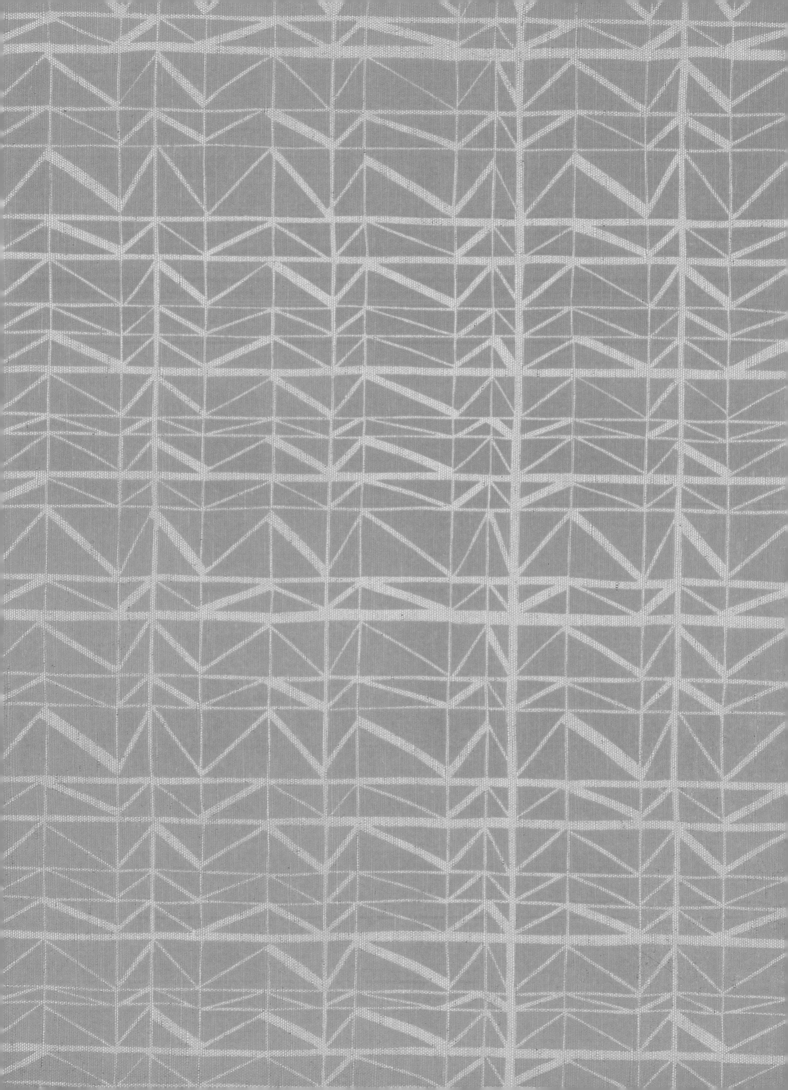

→

Halsband, 1942–1943
Mässing

HARRY BERTOIA (1915–1978)
Italiensk, verksam i USA

Cranbrook Art Museum

Harry Bertoia studerade vid
Cranbrook mellan 1937 och 1939
och kom sedan under flera år att
undervisa där i smyckekonst och
metallsmide. Senare under sin
karriär fokuserade Bertoia på
skulptur och möbeldesign. Hans
tidiga arbeten på Cranbrook visar
hur han genom experiment med
metallers materiella och form-
mässiga möjligheter utvecklades
till en av 1900-talets främsta
konstnärer.

←

Inredningstextil, *Philippines
(Manila)*, 1951
Linne, tryckt

MARIANNE STRENGELL
(1909–1998)
Finsk, verksam i USA

Cranbrook Art Museum

←

Stol, modell 650, 1941
Lönn, jute

JENS RISOM (1916–2016)
Dansk, verksam i USA

Knoll Associates, Inc.

Under andra världskriget rådde
materialransonering. Hans Knoll
Furniture Company (i dag Knoll
Associates) skapade därför med
hjälp av formgivaren Jens Risom
möbler av mjuka träslag och
andra för möbelindustrin ovanliga
material, som till exempel kasse-
rade bärlinor till fallskärmar.
Den innovativa möbelserien etable-
rade Knoll som en av de tidigaste
leverantörerna av modern design
i USA. Risoms design har också
en slående likhet med Bruno
Mathssons stolar.

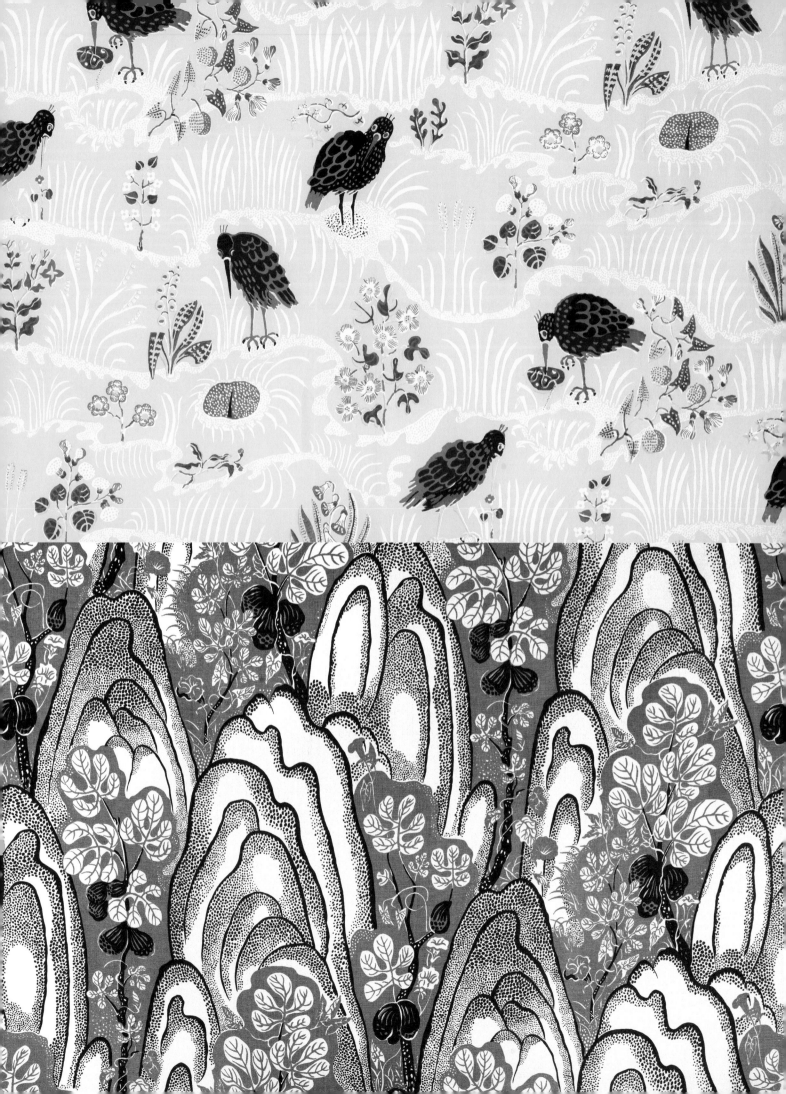

Inredningstextil, *Worry bird,*
1943–1945
Linne, tryckt

JOSEF FRANK (1885–1967)
Österrikisk, verksam i Österrike och Sverige

Svenskt Tenn

Den österrikiske arkitekten Josef
Frank, som flytt till Sverige år 1933,
värvades av firman Svensk Tenns
grundare Estrid Ericson 1934. Till-
sammans skapade de ett personligt
och bekvämt inredningsideal där
föremål av olika ursprung och
uttryck fritt kombinerades. Franks
färgstarka tygtryck satte tonen.
Under kriget valde Frank, som var
av judisk börd, att flytta till USA.
Under exilen skapade han över 60
nya mönster med inspiration från
floror och fågelböcker samt besök
på Metropolitan Museum of Art.

Inredningstextil , *Rox & Fix,*
1943–1945
Linne, tryckt

JOSEF FRANK (1885–1967)
Österrikisk, verksam i Österrike och Sverige

Svenskt Tenn

Stol, *DCW (Dining Chair Wood),*
1946
Björk, plywood, gummi, stål

CHARLES EAMES (1907–1978)
Amerikansk

RAY EAMES (1912–1988)
Amerikansk

Eames Office
Molded Plywood Division, Evans
Products Company
Herman Miller Furniture Company

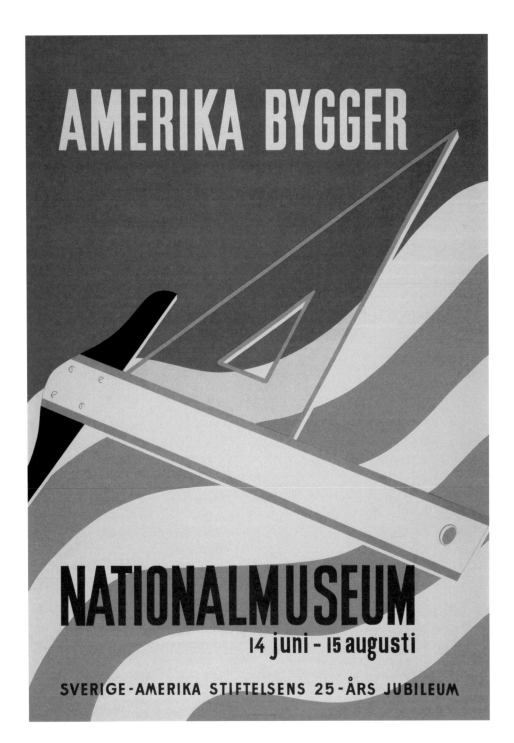

←

Utställningsaffisch, *Amerika bygger*,
Sverige-Amerika Stiftelsens 25-års-
jubileum, Nationalmuseum, 1944.
Litografi på papper

The U.S. Office of War Information

Amerika bygger var en utställning
om historisk och modern ameri-
kansk arkitektur och stadsplanering.
Den arrangerades av US Office of
War Information och Museum of
Modern Art för Sverige-Amerika
Stiftelsens 25-årsjubileum och
innehöll över 400 fotografier,
planer, publikationer, filmer och
materialprover. Utställningen var
ett exempel på amerikansk kultur-
diplomati. Kritiker såg den även
som en del i en psykologisk krig-
föring. Efter Nationalmuseum
visades *Amerika bygger* i Göteborg,
Helsingfors, Vasa och Oslo.

3

Utställningen
Det amerikanska hemmet
i Helsingfors 1953

MAIJA KOSKINEN

↓

Det amerikanska hemmet,
Helsingfors, 1953. Arkitekt Timo
Sarpaneva, president J. K. Paasikivi,
statsminister Urho Kekkonen och
det amerikanska sändebudet
Jack McFall.

PLASTSTOLAR, SILVERSMYCKEN och handtuftade mattor tillsammans med olika sorters golvvax, dammsugare och flaskvärmare. Helsingfors Konsthall fylldes med hundratals objekt som visade hur formgivningen av produkter för hemmet och andra konsumtionsvaror i USA hade utvecklats under de senaste åren. Utställningen *Det amerikanska hemmet* i Helsingfors Konsthall, som anordnades för att fira Finland-Amerika-föreningen (FAF) 10-årsjubileum, bestod av två delar. Den första delen, *Amerikansk form*, presenterade exempel på amerikansk "high design" och hade utformats av Museum of Modern Art (MoMA) på uppdrag av den nybildade myndigheten United States Information Agency (USIA).[1] Den andra, *Hem och hushåll*, initierades av FAF på eget initiativ. Den visade amerikanska hushållsapparater som föreningen hade köpt och tagit med från USA till utställningen. I dessa två utställningar vävdes en rik presentation av samtida hemliv, design och konsumtionsvaror i Amerika samman med politik.

AMERIKANSK DESIGN LEGITIMERAD AV MOMA

MoMA:s turnerande utställning *Amerikansk form* var ett mycket talande exempel på hur USA under kalla kriget använde kulturdiplomati för att sprida amerikanska värderingar till omvärlden. Utställningsturnén började i Helsingfors och fortsatte sedan till Sverige, Norge, Danmark, Belgien och Italien, där den avslutades 1955.[2]

Efter andra världskriget presenterade USA sig som en förkämpe för den fria världen och demokratin. I samband med detta började den amerikanska regeringen lansera "den amerikanska livsstilen" som en del av

↑

Det amerikanska hemmet,
Helsingfors, 1953

←

Inredningstextil, *Small Squares,*
1952
Bomull, tryckt

ALEXANDER GIRARD (1907–1993)
Amerikansk

American Art Textile Printing Company
Herman Miller Furniture Company

I sin roll som textilchef på Herman
Miller Furniture Company skapade
Alexander Girard otaliga textilier
i ljusa färger och med djärva mönster,
avsedda för det moderna amerikan-
ska hemmet. Flera av dem, bland
annat *Small Squares*, visades i Skan-
dinavien mellan 1953 och 1955 på
utställningen *Amerikansk form*.

sin utrikespolitik.[3] Med hjälp av internationell kulturexport ville USA få
världen att se landet som en kreativ nation, vars kultur inte bara var folklig,
konsumistisk eller ytlig utan också nyskapande och förfinad.[4] För att
bekräfta USA:s kulturella, politiska och ekonomiska överlägsenhet började
landets ämbetsmän under 1950-talet att hylla den amerikanska konsumismen
internationellt. Målet var att övertyga världen om fördelarna med den
moderna amerikanska livsstilen med hög levnadsstandard och, införstått,
USA:s politiska och ekonomiska system.[5] I detta sammanhang sågs moder-
nistisk design och demokrati som kompletterande ideologier. Utställningar
med amerikansk design för hemmet som arrangerades på uppdrag av olika
amerikanska myndighetsorgan erövrade mässor, Milanos triennaler och
museer i hela Europa.[6]

När USIA beställde en turnerande utställning från MoMA tog den inflytelse-
rike industridesignkuratorn Edgar Kaufmann Jr. tillfället i akt och lanserde
efterkrigstidens amerikanska design som en formgivning med stor potential
och en innovativ användning av material och massproduktion. De utvalda
föremålen i *Amerikansk form* uppfyllde de strikta modernistiska krav som
MoMA ville främja. Föremålen valdes för att motverka den vanliga uppfatt-
ningen att USA producerade billiga konsumtionsvaror av dålig kvalitet.[7]
Utställningen gjordes för länder vars design ansågs föredömlig i amerikanska
designkretsar och redan var känd i USA.[8] Syftet för MoMA och dess kampanj
för god, modern amerikansk design var framförallt att visa att man var en
värdig konkurrent till skandinavisk kvalitetsdesign. Att sälja amerikansk
design till européer verkar dock ha varit ett sekundärt mål. Kanske var det
inte ens avsikten.[9]

↑

DAX chair, 1948–50
Glasfiber, stål, gummi

CHARLES EAMES (1907–1978)
Amerikansk

RAY EAMES (1912–1988)
Amerikansk

Eames Office
Herman Miller Furniture Company

På utställningen visades över 300 amerikanska designföremål – stolar, porslin, lampor, textilier, glas, keramik och smycken – av såväl kända formgivare som av personer tillhörande ursprungsbefolkningen. Föremålen hade estetiserats och presenterades elegant och luftigt som "finkulturell konst". Arrangemanget utformades av Timo Sarpaneva (1926–2006), en ny finsk designer som hade fått förtroendet av MoMA att utföra uppdraget.[10] Utställningen skildrade formgivningens långa historia i Amerika, kopplingarna till de europeiska traditionerna och de senaste framstegen, vilka skilde sig från vad som gällde på den gamla kontinenten.[11] Med avstamp i det kalla krigets politik sökte MoMA:s utställning en plats för amerikansk design inom den västerländska designhistorien.

AMERIKANSK DESIGN UNDER LUPP

Amerikansk design hade dittills varit ganska okänd i Finland,[12] så när de finska designkritikerna recenserade MoMA:s del av utställningen stötte de på många nymodigheter. Rent allmänt tyckte de att utställningen var stimulerande och de imponerades av föremålens visuella tilltal och praktiska egenskaper. Något som lovordades var också hur de amerikanska formgivarnas individuella skicklighet samverkade med den tekniska hanteringen av nya material i massproducerade möbler. Arkitekten Reima Pietilä lyfte fram Charles Eames stol med plastsits som innovativ och spännande; användningen av plast, något som möjliggjorde större frihet i formgivningen, var

en nymodighet i Finland med dess starka trätradition.[13] Designkritikern Annikki Toikka-Karvonen ansåg att Don Knorrs och Charles Eames stolar var en sorts "maskiner att sitta i" med komplicerade ben och en omysig känsla, men tyckte å andra sidan att Eero Saarinens plast- och skumgummistol var bekväm, enkel och lätt.[14] Kritikerna berömde bordsserviser i plast och ansåg dem lyckade, men om lamporna och textilierna hade man delade åsikter. Silver och smycken upplevdes som utmärkta medan glas och keramik, de starka områdena inom finsk design, bedömdes som de minst intressanta. Toikka-Karvonen uppmärksammade också de stora skillnaderna mellan det fattiga Finland, som fortfarande hade kvar krigstidens ransoneringar, och det rika USA, och journalisten Benedict Zilliacus påpekade att föremålen i MoMA:s utställning ju inte representerade det genomsnittliga amerikanska hushållet.[15] Trots det berömde Eila Jokela, chefredaktör för inredningsmagasinet *Kaunis Koti*, de amerikanska formgivarna för att de intresserade sig för samtidens behov i stället för att förbli bundna till traditionen, vilket ofta var fallet i Finland.[16] Toikka-Karvonen hoppades att de finländska formgivarna och den finländska industrin – samtidigt som de fick internationellt erkännande – skulle lägga mer kraft på massproducerad design för dagligt bruk.[17]

→

Badrumsinteriör, *Hem och hushåll*,
Helsingfors, 1953

INSPIRATION FÖR HEM OCH INDUSTRI

I jämförelse med MoMA:s version av amerikansk design riktad till eliten var
den mer praktiska *Hem och hushåll* en ohämmad uppvisning av den höga
levnadsstandarden i väst. Den delen av utställningen gav upphov till en riks-
täckande diskussion om en modernisering av hem och hushåll i Finland och
ledde till att Konsthallen satte rekord i antalet besökare med 21 000 besökare
på bara nio dagar.[18] Genom att visa över 1 000 av de senaste nyheterna bland
amerikanska konsumtionsvaror och ett amerikanskt modellhem med ett
tekniskt avancerat kök ville FAF erbjuda konkreta idéer om hur man kunde
höja levnadsstandarden och stimulera både det moderna hemlivet och lokala
industrier.[19] Detta syfte passade väl ihop med de politiska målen för Finland
som USA:s utrikesdepartement formulerade 1952: att stödja finländarna så att
de kunde höja sin levnadsstandard och att öka deras förståelse för den ameri-
kanska livsstilen, och på så sätt få dem att stödja amerikansk politik. [20]

Utställningen *Det amerikanska hemmet* förenade kultur, industri, ekonomi
och politik samtidigt som den främjade internationell vänskap och förståelse
på båda sidor om Atlanten. Sedd ur det kulturella kalla krigets kontext var
den ett exempel på en strategi med mjuka maktmedel som användes brett
av USA. Genom kulturprodukter såsom design och konsumtionsvaror
påverkade utställningen den allmänna opinionen och föreställningen om
USA i Finland. Som det amerikanska sändebudet Jack McFall betonade vid
öppningen av utställningen: "Ett lyckligt och harmoniskt hem är grunden
för ett demokratiskt samhälle."[21] Med detta menade han att amerikanska
hem med hög levnadsstandard var en produkt av demokrati och marknads-
ekonomi – och att det för Finland, i dess kamp för att bli en välfärdsstat,
skulle löna sig att tillhöra den västerländska sfären. ∎

Scandinavian Design som utställning

Om vandringsutställningen Design in Scandinavia 1954–57

JØRN GULDBERG

↓

House Beautiful, The Scandinavian Look in U.S. Homes, juli 1959

ELIZABETH GORDON (1906–2000)
Amerikansk, redaktör

1950 inledde Elizabeth Gordon, som var redaktör för tidskriften *House Beautiful*, en decennielång kampanj för att lansera skandinavisk design till amerikanska konsumenter. Gordon framkastade, ganska okritiskt, att skandinaviska formgivare till skillnad från sina modernistiska motsvarigheter inom exempelvis Bauhaus-skolan, prioriterade nytta och skönhet i vanliga människors hem. Tidskriften rekommenderade många specifikt skandinaviska produkter, till exempel den stol av den danske designern Kristian Vedel som kan ses på omslaget till julnumret från 1959.

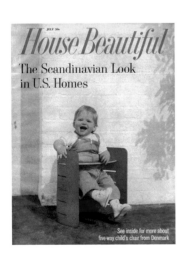

I FEBRUARI 1952 skrev Elizabeth Gordon, redaktör för det amerikanska heminredningsmagasinet *House Beautiful*, följande i ett brev till Leslie Cheek, chef för Virginia Museum of Fine Arts (VMFA):

"Jag är mer än någonsin övertygad om att det skandinaviska bidraget till vår tids [design] är bidraget med stort B till vår epok – och att något måste göras för att lyfta fram dess position i världen i dag."[1]

Brevet till Cheek uttrycker Gordons iver när det gällde att introducera skandinavisk design för en amerikansk publik, och är en av flera uppföljningar på det initiativ hon tog ett par månader tidigare. I oktober 1951 hade hon vänt sig till Cheek och uppmanat honom att arrangera en vandringsutställning med skandinavisk design i USA. Utställningen genomfördes under namnet *Design in Scandinavia (DiS)* med Virginia Museum of Fine Arts som första utställningsplats. Utställningen blev en succé för alla de 24 museer och gallerier som visade den – och i slutändan inte minst för skandinavisk design.

Att utställningen över huvud taget blev av beror först och främst på Gordons betonande av skandinavisk designs relevans för amerikanerna och resten av världen, och på den förståelse av skandinavisk design som begreppet Scandinavian Design kom att omfatta och som introducerades i den text som Svenska Slöjdföreningens dåvarande ordförande Gotthard Johansson skrev till utställningskatalogen. Så vilka var Gordons motiv, och vad lade Johansson vikt vid i sin presentation av skandinavisk design – vad var det han framhävde som det särpräglade med skandinavisk design? Som vi ska se, tecknade både Gordon och Johansson en starkt idealiserad bild av skandinavisk design, vilket innebär att begreppet Scandinavian Design i stor utsträckning är en konstruktion.

Gordon och Cheek var amerikanska huvudaktörer i den inledande fasen, medan Elias Svedberg, som var möbeldesigner hos Nordiska Kompaniet i Stockholm, och Hans O. Gummerus, som var presschef för Arabia/Wärtsila-koncernen i Helsingfors, till att börja med, och lite preliminärt, representerade de skandinaviska intressena. Den första spontana idén till en utställning med

Design in Scandinavia.
Foto: Centrum för näringslivshistoria/
Svensk Form

skandinavisk design i USA uppstod under en privat middag i Gordons hem
där Svedberg och Gummerus var närvarande. Därefter tog Gordon kontakt
med Leslie Cheek, som en kort period hade varit arkitekturredaktör på
House Beautiful. Hon motiverade sin förfrågan genom att hänvisa till att
VMFA som delstatsmuseum hade stor erfarenhet av att organisera vandrings-
utställningar runt om i Virginia. Efter diverse kontakter och förvecklingar
kors och tvärs över USA, i de skandinaviska länderna och över Atlanten – och
en formell inbjudan från Cheek i augusti 1952 – tillsattes i oktober samma
år en skandinavisk utställningskommitté med representanter för de fyra
ländernas respektive intresseorganisationer. Direktören för Svenska Slöjd-
föreningen, Åke H. Huldt, blev utställningens kommissarie. Och efter 15
månaders förberedelser kunde man öppna utställningen för allmänheten
den 15 januari i Richmond och därmed introducera de 240 formgivare och
omkring 150 producenter som fanns representerade på utställningen.[2]

Elizabeth Gordons känslor för skandinavisk design var utan tvivel äkta.
Under ett besök på Triennalen 1951 blev hon särskilt betagen i finsk och
svensk design, och i *House Beautifuls* januarinummer 1952 utnämndes ett
karakteristiskt lansettformat träfat av Tapio Wirkkala till inte bara Trien-
nalens utan också "1951 års vackraste föremål".[3] Till detta kommer att Gor-
dons intresse för skandinavisk design väcktes under en period då hon med
sina ledare i *House Beautiful* dels försökte puffa för en amerikansk version
av modern design, dels ställde sig alltmer kritisk till europeisk modernism
(Bauhaus, Le Corbusier, De Stijl etc.). I majnumret av *House Beautiful* 1950
publicerade Gordon till exempel ett par artiklar där hon argumenterar för
att främja en designkultur som står i överensstämmelse med det hon upp-
fattar som en karakteristisk amerikansk "way of life".[4] I en därpå följande
artikel sätter hon upp en lista över amerikanska stildrag. Det intressanta är
att Gordon inte pekade ut ett speciellt idiom eller formspråk, utan snarare
beskrev vad som skulle kunna karaktäriseras som en viss designstrategi

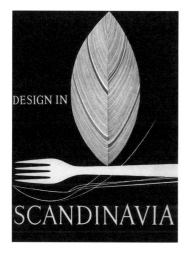

↑

Design in Scandinavia, utställnings-
affisch och katalogomslag med den
finske formgivaren Tapio Wirkkalas
björklaminerade, lövformade bricka
som emblem. Brickan utnämndes
av *House Beautiful* till "The Most
Beautiful Object of 1951".

eller designfilosofi. Hennes kritik av den europeiska modernismen var på ett
liknande sätt generell. I aprilnumret 1953 pekade hon ut europeisk modernism
som direkt skadlig och livsfientlig och till sin tendens totalitär. Hon kallade
den för "stränghetens kult", "the cult of austerity", och exemplifierade med
arbeten av arkitekterna Mies van der Rohe och Le Corbusier. Alternativet
till detta gav Gordon beteckningen "demokratisk humanism".[5]

Hennes initiativ och agerande med avseende på *DiS* måste tolkas som att hon
såg skandinavisk design som ett seriöst alternativ. Det var hon inte ensam om.
Fram till 1950-talet fungerade begrepp som Swedish Modern, Danish Design
och liknande som övergripande beteckningar på en designtradition som
var samtida och modern, men inte i "Bauhaus-stil" som Edgar Kaufmann,
chef för Museum of Modern Arts designavdelning, slog fast i sin recension
av utställningen.[6]

I katalogtexten betonar Johansson de skandinaviska länderna som en geo-
grafisk, regional, kulturell och politisk enhet. Det handlar om självständiga
nationer, men med en gemensam demokratisk syn. Båda dessa förhållanden
vill utställningen enligt Johansson dokumentera – såväl de designkulturella
värden som förbinder länderna, som de typiska nationella kännetecken som
refererar till geografiska skillnader och historiska traditioner av självför-
sörjning. Rent allmänt understryker han traditionens betydelse för nutidens
preferenser vad gäller material, former och skönhetsuppfattning. Nutidens
designkultur representerar således inte ett brott med den historiska, formerna
framstår inte som främmande.

En huvudfigur i Johanssons karakteristik av det särpräglade med skandina-
visk designkultur är traditionen att ägna omsorg åt vardagen och vardagens
saker, hemmet och dess funktion och utrustning och vanliga människors liv
och dagliga utmaningar, vilket också understryks i utställningens undertitel:
"An exhibition of objects for the home".[7] Detta förhållningssätt beror enligt
Johansson på en demokratisk grundinställning i kombination med en utveck-
lad social medvetenhet, som också kommer till uttryck i en allmän strävan
att höja levnadsstandarden. Därför finns det också en tradition att ha fokus
på de enkla vardagsföremålens inneboende materialmässiga och funktionella
kvaliteter, och inte på det extravaganta och modepräglade. Avslutningsvis
hävdar Johansson att alla bruksföremålen kännetecknas av en generellt hög
kvalitet. Serieframställd brukskeramik från fabriken är inte av sämre kvalitet
än studiokeramiken, och elitens bruksföremål har inte formgetts med större
omsorg än den vanliga konsumentens saker.

Det finns enligt Johansson två avgörande orsaker till den skandinaviska
designens särställning. Den ena är de nära förbindelserna mellan designer,
producent och konsument. Den andra är att formgivarna i alla de fyra nordiska
länderna längre än på andra ställen har varit organiserade i välfungerande
och inflytelserika intresseorganisationer.

Design in Scandinavia blev på många sätt en stor succé. Förutom etablerandet
av begreppet Scandinavian Design resulterade utställningen i en betydande
exportframgång, särskilt för Danmarks och Sveriges vidkommande. Fram-
gången manifesterades också i att på 20 av de 24 platser som utställningen
visades sattes nytt rekord i antal besökande på en tidsbegränsad utställning. ∎

↑

Design in Scandinavia.
Foto: Centrum för näringslivshistoria/
Svensk Form

→

Vernissage, *Design in Scandinavia*
på Brooklyn Museum, 1954.

↑

Draperi, *Röd krokus*, 1945
Ull, lin

ANN-MARI FORSBERG
(1916–1992)
Svensk

Märta Måås-Fjetterström AB

I början av 1950-talet upptäckte *House Beautifuls* redaktör Elizabet Gordon *Röd krokus* i en nyligen utgiven bok med titeln *Contemporary Swedish Design*. Hon hittade tillverkarens kontaktinformation i slutet av boken och beställde ett exemplar till sig själv. Gordon använde draperiet professionellt vid flera tillfällen, bland annat i artiklar till sin storsäljande tidning och i utställningar som hon organiserade.

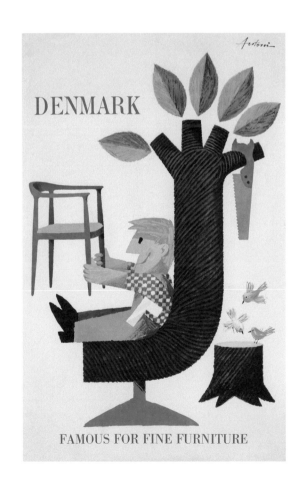

↑

Stolen *JH501*, som formgavs av
dansken Hans Wegner (1914–2007)
1949, förekom ofta i *House Beautiful*
och visades på *Design in Scandina-
via*. Den syntes också i den första
tv-sända presidentdebatten mellan
senator John F. Kennedy och vice-
presidenten Richard M. Nixon den
26 september 1960. Att Wegners
stol fick vara med vid detta tillfälle
ger den en plats i den större berät-
telsen om design och diplomati,
där den fungerade som en kraftfull
symbol för utbytet mellan USA och
de nordiska länderna.

Foto: AP Photo/TT Nyhetsbyrån

→

Affisch, *Denmark: Famous for
Fine Furniture*, 1964
Offsetlitografi

IB ANTONI (1929–1973)
Dansk

Vang Rasmussen

Den här affischen lyfter fram att
Danmark är berömt för "möbler av
hög kvalitet" och vidmakthåller
samtidigt centrala myter om skandi-
navisk design. Snickaren med sina
verktyg antyder att dansk design var
handgjord trots att många föremål
i verkligheten var massproducerade
eller producerade i små serier.
Och genom att visuellt koppla
stolen med trädet som figuren sitter
på framhäver affischen myten om
skandinavisk design som naturlig
och organisk.

↑

Skrivbord, modell 6200, 1952
(ca 1952–54)
Valnöt, järn, Formica

GRETA MAGNUSSON GROSSMAN
(1906–1999)
Svensk, verksam i USA

Glenn of California

Arkitekten och designern Greta Magnusson Grossman emigrerade 1940 från Sverige till Los Angeles och skapade där möbler för flera amerikanska tillverkare. Det här skrivbordet är ett exempel på hur hon kombinerade skandinaviska och kaliforniska influenser. Dess asymmetriska form, sammanställningen av ljusa och mörka detaljer och användandet av Formica bidrar till möbelns moderna Kalifornienestetik. Samtidigt vittnar användandet av valnöt om hennes kunskaper om traditionella material medan den skickliga anpassningen av skrivbordet till småskalig produktion var något hon lärt sig på sin utbildning till möbelsnickare i Sverige.

↓

Lampa, *SPH*, "Anywhere", model
NS948, 1951
Emaljerat stål, aluminium, bakelit, gummi

GRETA VON NESSEN (1898–1974)
Svensk, verksam i USA

Nessen Studio Inc.

Lampans namn, *SPH*, syftar på de
många sätt som den kunde använ-
das på: S står för *standing* (stående),
P för *pinned* (uppsatt på väggen)
och H för *hanging* (hängande).
Greta von Nessen utbildade sig till
industridesigner i Sverige innan
hon emigrerade till USA. Hon och
hennes make bosatte sig i New York
där de öppnade en designstudio
som var specialiserad på elektrisk
belysning.

Matta, *Blue Wave*, 1960
Akryl

BRITT-MARIE (BITTAN) BERGH
VALBERG (1926–2003)
Svensk, verksam i USA

Cabin Crafts, Inc.

Valberg kom till USA 1956 och arbe-
tade först för Dorothy Liebes, innan
hon startade en egen verksamhet.
Hon formgav bland annat en serie
mattor för Cabin Crafts Inc. Hennes
textilier, som hon kallade "art rugs",
inspirerades av det amerikanska
landskapet och fick karakteristiska
namn som *Blue Wave.*

Skålar, *Swedish Modern*, ca. 1957
Glas

Anchor Hocking Glass Corporation

En följd av att skandinavisk design
blev populär i USA under åren efter
kriget var att många amerikanska
företag drog nytta av associationer
till det nordiska utan att ha någon
verklig koppling till regionen.
Detta set med skålar heter *Swedish
Modern*, men har ingen anknytning
till Sverige. Marknadsföringen av
skålarna byggde på de idéer om
skönhet och bekvämlighet som
förknippades med svenska varor.
Dessa stereotypa föreställningar
speglar den amerikanska föreställ-
ningen om skandinavisk design.

↑

Karmstol, modell 400-½, 1951
Valnöt, läder

FINN JUHL (1912–1989)
Dansk

Baker Furniture, Inc.

Efter att han 1949 sett Finn Juhls möbler i en artikel i tidskriften *Interiors* vände sig Baker Furnitures vd Hollis S. Baker till Juhl och föreslog att denne skulle skapa en modern inredningslinje för amerikaner. Baker ville dra fördel av att moderna danska möbler blivit populära och producera en linje som skulle efterlikna de (påstått) hantverksmässiga och förfinade kvaliteterna hos skandinaviska produkter. Reklamen för Juhls möbler försågs med den enkla beteckningen "Designed by Finn Juhl" för att betona att han var den ende upphovsmannen.

↓

Stol, 1952
Valnöt, läder

SAM MALOOF (1916–2009)
Amerikansk

Designern Henry Dreyfuss gav 1951
Sam Maloof i uppdrag att designa
möbler till hans bostad och kontor.
Dreyfuss funderade på att kombi-
nera ett bord av Maloof med en stol
av Hans Wegner som han ägde. Så
blev det inte, men Maloof tog tillfäl-
let i akt och experimenterade med
en egen stol i skandinavisk stil. Med
sin träkonstruktion och sina mjuka
linjer liknar den här stolen den stol
av Hans Wegner som senare har
kallats "Cow Horn". Maloof skulle
under de följande decennierna
komma att bli känd för sina skulp-
turala, organiska möbelformer.

↑

Draperi, *Manhattan*, 1953
Ull, lin

INGRID DESSAU (1923–2000)
Svensk

Kristianstads läns hemslöjdsförening

När Ingrid Dessau kom till New York på 1950-talet var en enastående modernisering på gång. Skyskrapor i stål och glas restes utmed Park Avenue och FN:s högkvarter byggdes. Intrycken blev till en vävd kvällsbild av Manhattan där människor avtecknas i siluett mot upplysta skyltfönster. Mötet mellan förindustriell vävteknik och modern arkitektur är hisnande. Husens skelettkonstruktion liknar vävens varp medan fönstermodulerna är som bildvävens inslag.

5

Design och diplomati
Skandinavisk-amerikanska interiörer under 1950-talet

DENISE HAGSTRÖMER

I DEN KAMPANJ SOM NORGE nyligen genomförde för att få en av de roterande platserna i FN:s säkerhetsråd användes en hjärtform från ett mönster på textilierna i Säkerhetsrådets sessionssal.[1] Den norska utrikesministern Ine Marie Eriksen Søreide har dessutom synts i en kjol i samma tyg. Själva sessionssalens inredning, som är från 1952, är ett uttryck för norsk designtradition. Med utgångspunkt i detta exempel på hur skandinavisk designkultur använts i USA kommer vi att gå vidare till moderniteten i amerikansk tappning, gestaltad i de nya amerikanska ambassaderna i Stockholm och Oslo. Säkerhetsrådets sessionssal och ambassadernas lokaler har två saker gemensamt: båda används för internationell diplomati och i båda används design strategiskt. Men även om miljöerna var moderna hade den historiska kontinuiteten stor betydelse för dem båda.

FN:s första generalsekreterare, norrmannen Trygve Lie, spelade en nyckelroll för att Norge ombads att utforma inredningen i Säkerhetsrådets sessionssal. Lie och arkitekten Wallace K. Harrison, som var chef för FN:s planeringskontor, bad sedan Danmark (representerat av Finn Juhl) och Sverige (representerat av Sven Markelius) att utforma inredningen av Förvaltarskapsrådets respektive Ekonomiska och sociala rådets sessionssalar. Den skandinaviska modernismens internationella rykte och Sveriges roll som "en socialt banbrytande nation" har nämnts som skäl till dessa val. Att man vände sig till dessa länder säger också något om relationerna mellan Skandinavien och USA.[2]

Säkerhetsrådets sessionssal, som används som mötesplats för diplomater och statschefer när de ska lösa kriser och bevara världsfreden, är en amfiteaterliknande lokal i ett modernistiskt skal. Efter att salen var färdigställd beskrev arkitekten Arnstein Arneberg att hans uppgift hade varit "att skapa ett rum med karaktär och med bra, hållbara material i all enkelhet, som inte bara representerade en nutida informell smakriktning utan också hade en så pass neutral prägel att det kunde förbli tidlöst".[3] Oavsett om man ser inredningen på avstånd eller på nära håll gör den ett slående intryck. Entrédörrarna till denna omsorgsfullt komponerade miljö är av blek ask med inläggningar i valnöt och stål som föreställer symboliska facklor och svärd.

Ett stort hästskoformat bord i amerikansk ask är "arenans" mittpunkt. Det blev snart en välkänd symbol för Säkerhetsrådet. Dess massiva närvaro och inbjudande svängda form förmedlar både tyngden i de beslut som ska fattas och en känsla av gemenskap. Takarmaturens placering sluter sedan cirkeln och bidrar till upplevelsen av enhetlighet. Runt bordet står fåtöljer av ask och mahogny, formgivna av Arnebergs assistent, inredningsarkitekten Finn Gösta Nilsson, för Johan Fredrik Monrad, och klädda med ett blått ylletyg med gula ränder i en design av Birgit Wessel för Vakre Hjem.

Norsk designtradition visar sig också i den textila tapeten i blått och guld som täcker väggarna och i de hellånga draperierna. Båda är av satängvävt konstsilke (viskos). Formgivare var textilkonstnären Else Poulsson för Johan Petersen Linvarefabrikk. Tapetens och draperiernas dekor består av symboler för tro, hopp och människokärlek, vilka står för FN:s målsättning. Draperierna ramar in en muralmålning av Erik Krohg med symboler för frihet, jämlikhet och broderskap. För att undvika motljus är draperierna vanligtvis fördragna, men då döljs också utsikten över East River. Design-historikern Sarah A. Lichtman konstaterade nyligen: "Poulssons textilier präglar interiören och bidrar med en känsla av enhetlighet, skönhet och värdighet."[4] Väggpartierna som omgärdar delegaternas "scen" är klädda med marmor som brutits från Gjellebekkbruddet och väggen ovanför auditoriets sittplatser täcks av en tapet designad av Klare Schee och vävd med havrestrån från hennes släktgård i byn Biri. Från denna mötesplats för internationell politik vänder vi oss nu till platser där den nationella politiken blir internatio-nell. Det gemensamma temat är användningen av design i diplomatins tjänst.

I och med att USA:s roll i världen utvidgades efter andra världskriget ökade också landets behov av kontorslokaler i andra länder. Denna hausse för kon-torsbyggnader omfattade även halvpublika miljöer som bibliotek, hörsalar

↑

Skiss, vävnad, Ekonomiska och
sociala rådets sessionssal, FN,
ca 1951
Akvarell på papper

MARIANNE RICHTER
(1916–2010)
Svensk

Marianne Richters livfulla fönster-
draperi utgjorde blickpunkten i
FN:s Ekonomiska och sociala råds
sessionssal. Hennes geometriska
mönster bestod bland annat av
streck och solstrålar i ljusa färger.
Detta gav liv åt detta modernistiska
rum som i övrigt går i neutrala toner
och den varma känsla som blev
effekten underbyggde rådets diplo-
matiska och humanitära uppdrag.

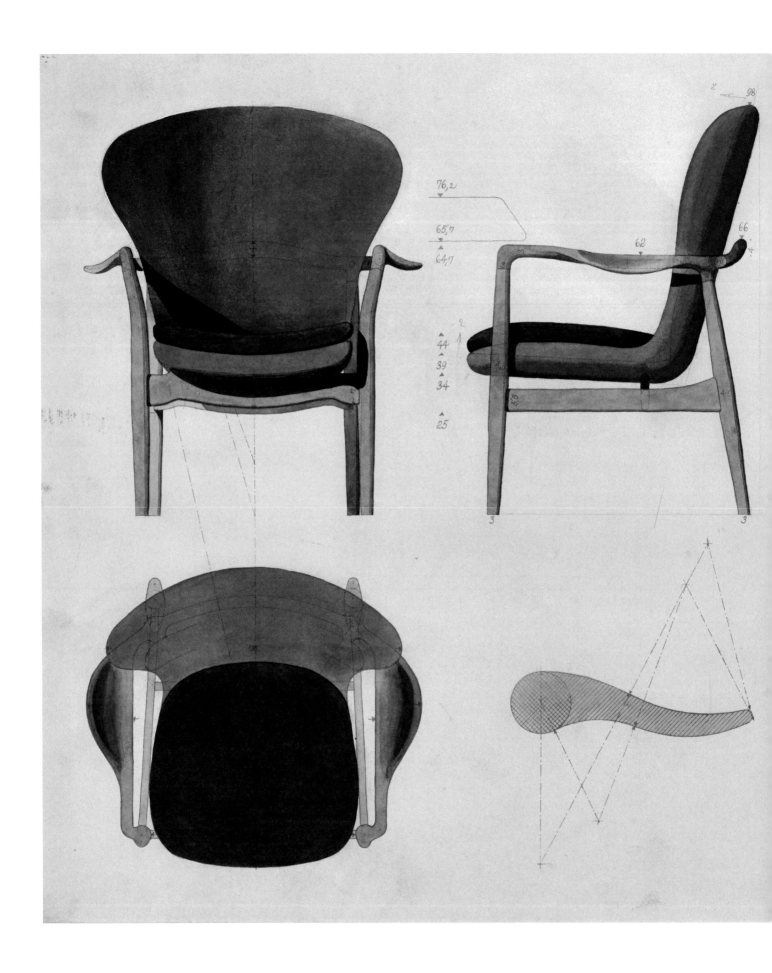

United Nations Permanent Headquarters
TRUSTEESHIP COUNCIL CHAMBER

DELEGATE'S CHAIR

FINN JUHL, architect m.a.a.
Nyhavn 33, Copenhagen K, Denmark
Telephones: Palæ 6618 - Ordrup 6009

date: 2I. 8. I950   rev.:
no.: 5   scale: I :5

←

Teckning, stol, Förvaltarskapsrådets
sessionssal, FN, 1950
Akvarell, blyerts, bläck på papper

FINN JUHL (1912–1989)
Dansk

MARIANNE RIIS-CARSTENSEN
(FÖDD 1927)
Dansk, akvarellmålare

Förvaltarskapsrådet sessionssal,
som designades av dansken Finn
Juhl, uppmärksammades för form-
givningen av taket, där färgstarka
lådor placerats på varierande
avstånd och för stolarna, vars kläd-
sel gick i mörkblått, grönblått och
chartreusegrönt.

↑

Perspektivteckning, USA:s
ambassad, Stockholm, vy från
luften, 1951
Blyerts på kalkerpapper

RALPH RAPSON (1914–2008)

Amerikansk

Cranbrook Art Museum

I sin recension av den amerikanska
ambassaden skrev konstkritikern
Eva von Zweigbergk: "Detta kontors-
palats är modernt och magnifikt
som en väldig ny amerikansk bil
och pressar ner den eljest rätt stora
norska ambassaden bakom till en
liten låg bungalow."

och gallerier. Modern arkitektur och design användes under det kalla krigets
mest intensiva år som symboler för demokrati och öppenhet. Ambassad-
kanslierna i Stockholm, Köpenhamn och Oslo tillhörde de första efterkrigs-
projekten. Dessa nya kanslier, som administrerades av det amerikanska
utrikesdepartementets arkitekturbyrå (Office of Foreign Building Opera-
tions, FBO), markerade en viktig förändring av diplomatisk praxis. Före
1950-talet hade ambassadörens residens varit den gängse platsen för
diplomatisk aktivitet. Nu kom också kanslierna att spela en sådan roll.[5]

Kanslibyggnaden i Stockholm ritades av Ralph Rapson och John van der
Meulen. Det är ett högmodernistiskt verk där formgivningen användes för
att främja bilden av tillgänglighet och transparens. Förutom kontor för all
personal fanns ett auditorium, en cafeteria och den amerikanska informa-
tionstjänstens (US Information Service) kultur-, film- och presskontor,
som allmänheten hade tillgång till via entréhallen.

Arkitekten Susanne Wasson-Tucker från Knoll Associates Inc. Planning Unit ritade och övervakade arbetet med interiören. Svensk samarbetspartner var arkitekten Anders Tengbom. Tucker skulle komma att spela en viktig roll för designrelationerna mellan Skandinavien och USA. Interiörerna skulle produceras i Sverige och Wasson-Tucker gav uppdraget till Nordiska Kompaniets verkstäder, som utförde arbetet efter anvisningar från USA.[6]

Efter att ha utbildat sig till arkitekt i sin hemstad Wien gjorde Wasson-Tucker karriär i USA där hon blev mycket framgångsrik. Hon var bland annat kurator för industridesign vid Museum of Modern Art (MoMA) och fick 1947 anställning som inredningsarkitekt vid Knoll Associates Planning Unit, ett av de ledande inredningsföretagen i USA. Hennes inredningar av amerikanska ambassadkanslier skulle komma att bli en bekräftelse på att den officiella amerikanska designkulturen låg helt i linje med de modernistiska ideal som "god design"-rörelsen stod för, ett ideal som hon hade främjat på MoMA och genom museets turnerande utställningar.[7]

Detta "glaspalats" med "metalliskt glänsande effektivitet" var ett exempel på det nya visuella språket för kontorsmiljöer i Florence Knolls tappning. Knoll, som var chef för Planning Unit, stod för ett inredningsideal som då brukade betecknas som en "mänsklig" företagsmodernism och som blev oerhört inflytelserikt.[8] Betecknande nog var det inte bara Knolls egna kontorsmöbler som företaget producerade. Hennes nya kontorskoncept kom också att inkludera andras ikoniska verk vilka hon lät producera. Till dem hörde både sådana av äldre modernister som Mies van der Rohe och av hennes samtida Eero Saarinen och Harry Bertoia.[9] Det är värt att notera att Rapson, Knoll, Saarinen och Bertoia alla hade tillbringat tid på Cranbrook, antingen som lärare eller som studenter.

Ambassadkansliets sparsmakade formspråk och rumsliga uttryck signalerade amerikansk progressiv modernitet, men kritiserades av konsthistorikern Ulf Hård af Segerstad för att ha "moral på gränsen till moralism".[10] Konstkritikern Eva von Zweigbergk skrev: "här och där en turkosblå eller citrongul vägg, men i stort sätt är det pansargrått som rår, med en och annan kolorerad textil accent. [...] I övre våningen tillåter man sig heltäckande elefantgrå axminstermattor i en så mossmjuk kvalitet att man sjunker ner i dem till ankeln, det är det enda överdåd en svensk kan spåra, frånsett några danska fåtöljer i ambassadörens rum."[11]

Wasson-Tucker, som nu var bosatt i Stockholm, fick 1958–59 i uppdrag av FBO att formge interiören i den nya ambassaden i Oslo som ritades av Eero Saarinen. Medan ambassadkansliet i Stockholms kritiserades för sin brist på känslighet i förhållande till sina grannar, anpassade Saarinen byggnaden till Oslos stadsbild genom att matcha hushöjden med angränsande taklinjer. Oslos officiella turistguide rankade det nya tillskottet till staden som en av dess största attraktioner. Förutom kontor för all ambassadpersonal hade Oslokansliet ett stort lånebibliotek drivet av US Information Service, ett skivlyssningsrum och ett auditorium med en scen. Ambassaden var främst inredd med Knolldesignade möbler, vilka tillverkades lokalt av Tannum, något som innebar att en enhetlig amerikansk designidentitet tillfördes ett norskt inslag.[12]

↑

(Från vänster till höger)
Amerikanska ambassaden i Oslo.
Norska medier rapporterade med
stort intresse om varje steg i projek-
tet och uttryckte stolthet över valet
av en nordisk arkitekt som Saarinen.

I ambassadens stora bibliotek som
var öppet för allmänheten kunde
besökarna ta del av amerikansk
kultur och modernitet.

Den norska ambassaden i Stock-
holm klassas allmänt som ett av
Knut Knutsens främsta verk. Byggd
i tegel, betong, trä och glas harmo-
nierar den med platsen på ett sätt
som är inspirerat av Frank Lloyd
Wrights organiska inställning till
arkitektur. Byggnadens horison-
tella karaktär anpassar sig till
omgivningen och de vertikalt
indelade fönstren från golv till tak
plockar upp formerna hos träden
i närheten. Fönsterpartierna mot
söder öppnar sig mot trädgården
så att naturen för in i interiören.

De innovativa nya amerikanska ambassadkanslierna använde offentlig dip-
lomati för att främja en bild av öppenhet och vilja till samarbete med svensk
och norsk industri, men både i Sverige och Norge behöll ambassadörens resi-
dens, som var ambassadens gamla hemvist, sin ursprungliga och betydelse-
fulla diplomatiska roll. I Stockholm fortsatte den närliggande Villa Åkerlund
att vara ambassadörens residens. Denna byggnad i nyklassicistisk stil, som
ritades av Knut Perno, hade använts av den amerikanska ambassaden sedan
1933. Den dåvarande ambassadören Frances E. Willis ämbetsrum i den västra
delen av Oslobeskickningens övervåning låg bara tio minuters promenad
från Villa Otium, hennes palatsliknande ambassadörsresidens, som ritades av
den ledande norske arkitekten Henrik Bull 1911. Den amerikanska regeringen
köpte byggnaden 1923 och utökade den med ett mindre kontor.

Så medan norrmännen lyssnade på amerikansk cool jazz när de satt i Eames
stolar på kansliet fortsatte, och fortsätter, residensets franska salongsmöbler
att erbjuda en traditionell miljö för idé- och informationsutbyten mellan
dem och deras amerikanska värdar. I samband med den senaste restaure-
ringen av Säkerhetsrådets sessionssal uttryckte Säkerhetsrådets sekretariat
och medlemsstaterna, vilka är de som använder rummet, till renoverarna att
Arnebergs unika och pregnanta interiör inte fick förändras och att den hade
fått "en helig, om inte en sakrosankt" status.[13] På detta sätt har den kommit
att förkroppsliga traditionerna och den historiska kontinuiteten i Säkerhets-
rådets verksamhet. ∎

→

Amerikanska ambassaden i Oslo.
Ambassadörsresidenset salongs-
interiör i bruk den 12 september
1953. På inbjudan av ambassadör
Lester Corrin Strong (t.h.) håller
George Catlett Marshall (t.v.)
ett föredrag för en norsk publik.
Marshall erhöll samma år Nobels
fredspris för sin Marshallplan,
ett amerikanskt initiativ för att
ge finansiellt stöd till Europa
efter andra världskriget.

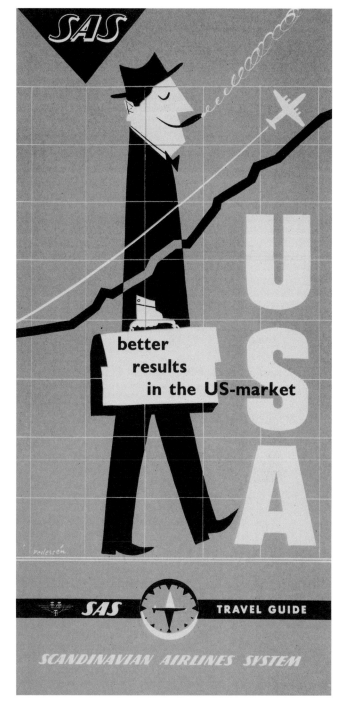

←←

Scandinavian Airlines Systems premiärflygning till New York ägde rum den 17 september 1946 med en DC-4 kallad Dan Viking. SAS grundades när de nationella flygbolagen i Sverige, Norge och Danmark 1946 slogs samman. Nationsflaggorna och referenser till vikingar på resa blev viktiga i det nya företagets grafiska profil som skapades av Rune Monö (1920–2007). Planens bemålning liknade ett stiliserat drakskepp med fönster i stället för vikingasköldar Alla företagets flygplan är än i dag namngivna efter vikingar.

← ↑

Tidtabell, informationsbroschyrer,
1950-tal

Scandinavian Airlines System (SAS)

Från starten 1946 använde sig SAS
mycket medvetet av design och
företaget har i takt med tiden
ständigt moderniserat sin design-
identitet. På 1950-talet var flyget
självklart det moderna alternativet
till att ta båten över Atlanten. Rese-
närer till USA lockades med bilder
av skyskrapor och förhoppningar
om att göra goda affärer. Resor till
Skandinavien utlovade naturupple-
velser och midnattssol, historia och
släktträffar, hantverk och design
med en särskilt modern känsla för
tradition, funktion och material.

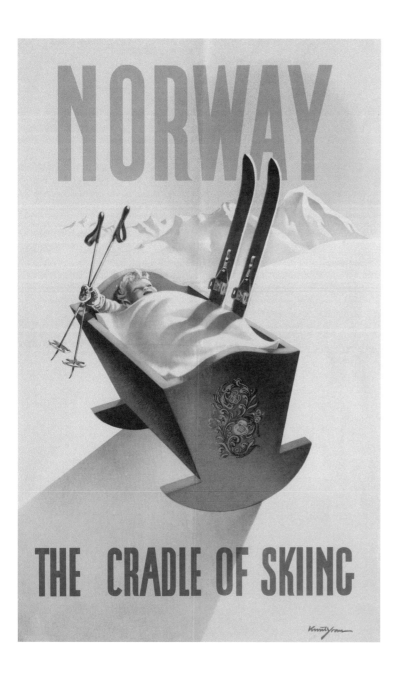

→

I slutet av 1950-talet, inför det att SAS 1959 började ersätta propeller-plan med jetflyg, moderniserades företagets designprogram. Tryck-saker, planens bemålning och inredning, uniformer, biljettkontor och hotell gavs en tydlig skandina-visk identitet med referenser till de nu internationellt etablerade idéerna om Scandinavian Design. I en reklamkampanj i tidskriften *Life* i början av 1960-talet beskrivs SAS som Scandinavian Modern och paralleller dras mellan flyg-upplevelsen och de kvaliteter som tillskrivits hantverk och design från Norden.

↑

Reseaffisch, *Norway. The Cradle of Skiing*, 1951
Offset på papper

KNUT YRAN (1920–1998)
Norsk

Norges Statsbaner (NSB)

I ett försök att fånga fantasin hos utländska turister låter desig-nern folkkonst eller "rosmålning" pryda vaggan och skidorna signa-lera Norges image som vinter-sportdestination. Denna interna-tionellt framgångsrika affisch är ett exempel på Yrans definition av ett effektivt affischmotiv: "två realistiska saker i ett orealistiskt sammanhang". Detta speciella motiv användes av SAS, Norske Statsbaner (NSB) och Den Norske Amerikalinje (NAL) i reklam-kampanjer.

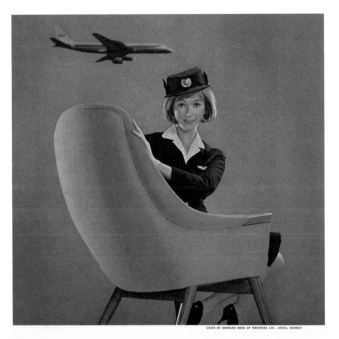

CHAIR BY GERHARD BERG OF WESTNOFA LTD., ORSTA, NORWAY

SCANDINAVIAN MODERN is a Gerhard Berg chair
. . . and a heart-warming invitation to travel

How much a chair, and a smile, can tell you about the Scandinavians—about their good taste, skill and loving care. If these qualities appeal to you, then see how SAS applies them in the air. Come aboard an SAS Royal Viking jet, anywhere around the world. You'll find the hospitable service and the famous cuisine (honored by La Chaîne des Rôtisseurs!) something of a revelation. SAS will take you to any of 42 countries on 5 continents. Swiftly, pleasantly—Scandinavian Modern style.

FLY SCANDINAVIAN MODERN — WORLDWIDE **SAS** *SCANDINAVIAN AIRLINES SYSTEM*

Photo by C. A. Peterson on Kodak Ektachrome film   STOSV 3566A - Litho in Denmark

HANDMADE WOODEN BOWLS BY JOHNNY MATTSSON, GAVLE, SWEDEN

SCANDINAVIAN MODERN is Mattsson wood carving
. . . and a world of travel with a tradition

To set new trends for today, Scandinavian artists borrow from the past. Here the thousand-year-old form of the Viking longboat becomes unmistakably Scandinavian Modern. Scandinavian traditions are very much alive in the world of jet air travel, too. Navigating skill is one example. SAS won the Christopher Columbus prize for pioneering the polar air routes. Another —one you'll find wherever you go with SAS—is hospitality and cuisine in the good old tradition. Plan to enjoy them on your next trip with SAS.

FLY SCANDINAVIAN MODERN — WORLDWIDE **SAS** *SCANDINAVIAN AIRLINES SYSTEM*

Photo by C. A. Peterson on Kodak Ektachrome film   STOSV 3566H - Litho in Denmark

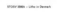

GLASSWARE BY MONA MORALES-SCHILDT, THE KOSTA GLASSWORKS, KOSTA, SWEDEN

SCANDINAVIAN MODERN is Kosta glass
. . . and a flair for worldwide air travel

Look at Scandinavian design, and you learn a lot about the Scandinavians. Who but a people of supremely good taste, skill and care for detail could create glassware like this? Scandinavians have applied the same talents to building an airline—SAS. And wherever it flies, to 39 countries on 5 continents, you'll find an insistence on doing everything just as well as it *can* be done. Fly, or ship your cargo, by SAS next time, and see what a difference a little extra care can make.

FLY SCANDINAVIAN MODERN — WORLDWIDE **SAS** *SCANDINAVIAN AIRLINES SYSTEM*

Photo by C. A. Peterson on Kodak Ektachrome film   STOSV 3575 - Litho in Denmark

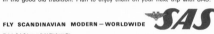

PHOTO BY C. A. PETERSON ON KODAK EKTACHROME FILM.   CRYSTAL VASES BY JOHN SELBING OF AB ORREFORS GLASBRUK, ORREFORS, SWEDEN

SCANDINAVIAN MODERN is the reflection of the Midnight Sun in Orrefors crystal.

It is also a warmly elegant way to travel. The essence of the Scandinavian touch is style and skill. You feel it when you fly SAS, the Scandinavian Modern Airline.

SAS Royal Viking jets soar out to 39 countries on five continents. Aboard every flight you find Scandinavian hospitality, Scandinavian service, Scandinavian precision.

FLY SCANDINAVIAN MODERN — WORLDWIDE **SAS** *SCANDINAVIAN AIRLINES SYSTEM*

STOSV 3746C   LITHO IN DENMARK
SANDBERGS TR.

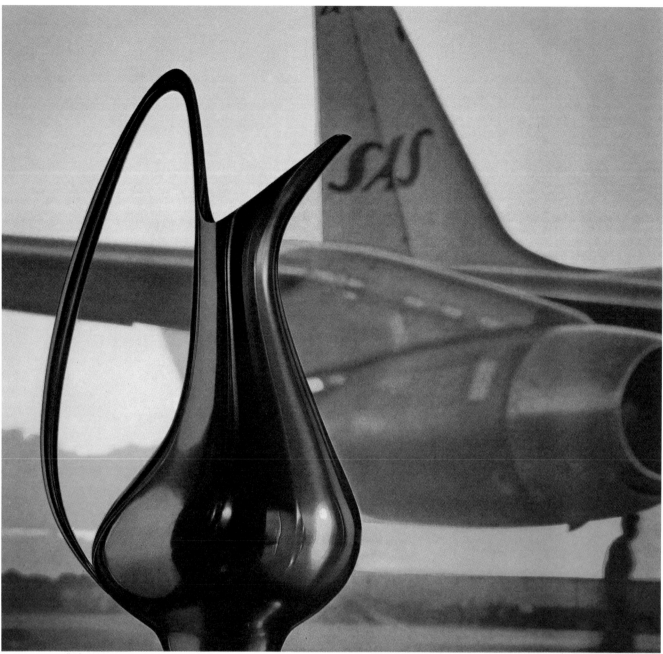

SILVER PITCHER BY HENNING KOPPEL OF GEORG JENSEN A/S. COPENHAGEN

SCANDINAVIAN MODERN is Koppel silver
. . . and a hospitable world of travel

It's natural for Scandinavians to express themselves with special skill in whatever they do. It may be in the clean, simple lines of a pitcher that gracefully combines form with function. Or it may be in the worldwide operations of SAS. Here, too, shine the happy talents of the Scandinavians. In the smooth comfort of Royal Viking jets. In the famous cuisine, honored by La Chaîne des Rôtisseurs. And in warm SAS hospitality. Enjoy the Scandinavian approach to jet age travel, next time you fly.

FLY SCANDINAVIAN MODERN — WORLDWIDE ***SAS*** *SCANDINAVIAN AIRLINES SYSTEM*

Photo by C. A. Peterson on Kodak Ektachrome film   STOSV 2566C – Litho in Denmark

6

En förkromad, framstegsoptimistisk vardagsdröm

SIV RINGDAL

NÄR VANDRINGSUTSTÄLLNINGEN *Amerikansk form* öppnade på Kunstnernes Hus i Oslo 1954 fick en urban publik beskåda det yppersta av samtidens amerikanska design och konsthantverk. Precis som publiken i Sverige, Finland, Italien och Belgien kunde de se Eva Zeisels skulpturala keramik på uppdukade bord och Charles och Ray Eames innovativa plaststolar. När Dagbladets utsände reporter fick komma in på utställningen dagen före öppnandet, uppmärksammade journalisten speciellt Russel Wrights "enkla, praktiska och vackra soppskål – om vi ändå kunde få säga adjö till stora sopptallrikar där allt kallnar – också i det här landet".[1]

Vid samma tid pågick en parallell populärkulturell import från Amerika till Europa, dels av film och musik, dels i form av amerikanska varor och produkter. Många av de här impulserna var styrda av kommersiella aktörer, medan andra berodde på enskilda personers initiativ. Ett exempel på det senare är att det nu började dyka upp amerikanska föremål i ett visst område i Norge, en bra bit från huvudstaden och den vandringsutställning som visades där.

Detta skedde inte i form av någon utställning och var heller inte knutet till någon kulturinstitution. Det var något som i stället kunde ses i privata hem ute på Sørlandet. I vitmålade traditionella sørlandshus och nybyggda villor kunde den som fick stiga över tröskeln se en förkromad, framstegsoptimistisk – och amerikansk – vardagsdröm breda ut sig. Amerikanska köksmöbler med mjuka, fjädrande stolar med plastöverdrag, bord med plastlaminatytor och fräna kromdetaljer. Moderna kylskåp, strömlinjeformade mixrar och annan elektrisk apparatur. Pastellfärgade badkar och toaletter i amerikansk design, luddiga mattor och fluffiga Cannonhanddukar i dito färgpalett.[2] Utanför bostaden stod ofta en blankpolerad amerikansk bil parkerad, ett "dollargrin", kanske tvåfärgat, med fenor och bekväma säten i konstläder. Alla de här sakerna var materialiseringar av de starka banden mellan de här trakterna och Amerika. De var brottstycken av efterkrigsårens moderna USA invävda i sörlänningarnas vardagsliv.

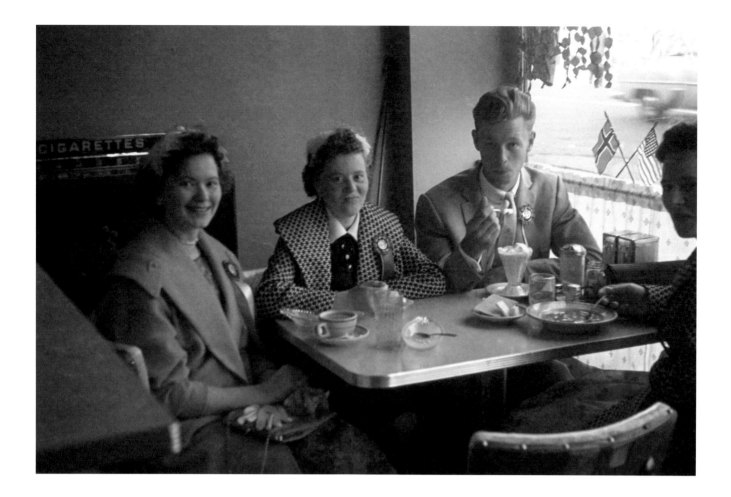

↑

På *Sørlandet Restaurant* den 17 maj, 1959. Från vänster sitter Inger Nodeland, Olaug Nodeland, Arvid Nodeland och Judith Staddeland. Alla kom från Sørlandet, men bodde och arbetade i Brooklyn.

Foto: Ernst Nodeland. Privat ägo.

← ←

Herløv Østhassel fotograferad våren 1958 utanför den norska föreningen *Sons of Norway* på 8th Avenue i Bay Ridge, Brooklyn. Gatan var ett viktigt centrum för norrmän och här låg flera norska företag, kaféer och organisationer.

Fotograf: okänd. Privat ägo.

TUR OCH RETUR AGDER—NEW YORK

När man ska studera förhållandet mellan Skandinavien och Amerika är det nödvändigt att beröra migration. Hundratusentals människor lämnade Skandinavien från 1890-talet och fram till mellankrigstiden, och i vissa områden fortsatte man emigrera också efter andra världskriget. Den mass-utvandring som pågick under den här perioden gjorde att det inte bara var människor som förflyttade sig över Atlanten. Nya tankar, idéer – och föremål – följde också med. Och även om strömmen var starkast från öst till väst, var det också många som reste åt motsatta hållet, tillbaka till Skandinavien igen efter år eller decennier "over there".[3]

På några ställen var migrationen så omfattande att den satte en stark prägel på samhället och kulturen. Ett sådant område var Agder, längst söderut i Norge. Den västra delen av detta fylke hade en mycket stor utvandring till Amerika. En stor del av befolkningen på halvön Lista och i Kvinesdalområdet tillbringade perioder av sina liv i USA, de flesta i Brooklyn, New York, som efterhand fick ett stort inslag av norska och nordiska invandrare.[4] I dessa trakter i Norge blev kontakten med Amerika ett integrerat inslag i befolk-ningens levnadssätt. Ungdomar reste dit för arbete och upplevelser, och många gifta män pendlade till jobb i New York medan familjen var kvar i Norge.

Den täta kontakten med USA satte sin prägel på familjelivet, på vad folk livnärde sig på, på tankesätt och mentalitet, på matkultur och språk. Men också på den materiella kulturen och landskapsbilden. När folk återvände till Lista och Kvinesdal efter några år i USA, kom de sällan tomhänta hem.

Många män hade arbetat som snickare i Amerika och med hjälp av medhavda *blueprints* uppförde de sina nya hem inspirerade av amerikanska förebilder. Medan hemvändande snickare på 1920-talet uppförde bygdens första hus med dolda elledningar, små takkupor och inglasade verandor, var de snickare som återvände till Agder under decennierna efter andra världskriget inspirerade av de förortsvillor de hade varit med att bygga utanför New York. På 1950-talet började man se moderna *ranch houses* och *split level*-hus i detta norska kustlandskap, med utanpåliggande rör längs gavelväggen, *bay windows* och inbyggda garage.[5]

MASSKULTURENS AMBASSADÖRER

Många av dem som kom hem från Amerika hade emigrerat som unga och bildat familj under åren i Brooklyn. När de nu återvände hem hade de ofta stora flyttlass på 8–10 ton med sig tillbaka. Lådor och containrar fylldes med saker de skaffat sig under sina år i USA, det var föremål med affektionsvärde och minnen från viktiga år i de här familjernas liv. Men många köpte också in stora mängder ny utrustning med tanke på den nya tillvaron i Norge. Tidigt på 1900-talet kom de hemvändande emigranterna ofta tillbaka med föremål som skulle fylla finrummet; lampor, grammofoner, soffgrupper och massproducerat pressglas. De som återvände från Amerika på 1950- och 1960-talen hade i stället ofta flyttlasset fyllt med moderna nyheter för kök och bad.

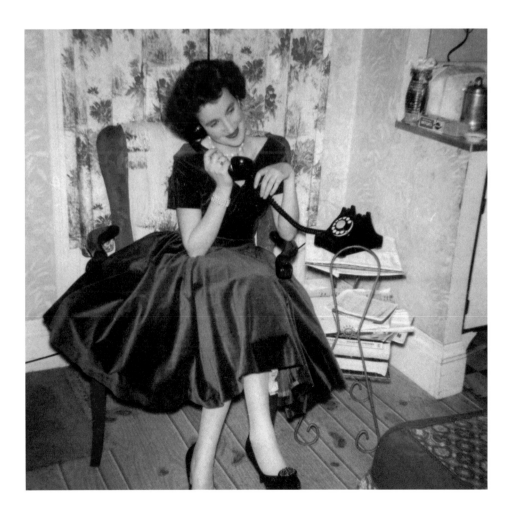

→

Aslaug Barøy från Kvinesdal på Sørlandet utvandrade till Brooklyn 1959. Fotografiet är taget i lägenheten hon hyrde där. Hon har sminkat sig och klätt sig i en ny och dyr sammetsklänning. När bilden var framkallad vågade hon inte skicka den till föräldrarna i Norge.[1]

1 Siv Ringdal, *På høye hæler i Amerika. Unge Agder-kvinner i etterkrigsårenes New York*, Oslo, 2018, s. 237

Fotograf: okänd. Privat ägo.

There's a Sunbeam Vista product for everyone on your Christmas list who…

loves delicious coffee…

She'll serve coffee at its very finest in this sleek, modern Sunbeam Vista percolator—crafted in stainless steel, fully immersible for easy cleaning.

wants to be pretty and prompt…

Now, even between shampoos, she can have lovelier hair—all she need do is dampen it, set it and dry it *quickly* and conveniently with the Lady Sunbeam Vista controlled heat hair dryer!

wants to open cans easily…

The Sunbeam Vista automatic electric can opener does the job for her in just seconds with a simple, one-lever action that even a child can operate!

likes golden toast…

Thick or thin, white or rye—all toasted exactly to her taste. Bread lowers itself automatically in the Sunbeam Vista Radiant Control toaster.

takes pride in her baking…

She'll take even more pride, because her cakes will be higher, finer and lighter in texture with a Sunbeam Vista Mixmaster mixer!

"They really care—they're giving a *Sunbeam* appliance!"

© S.C.   ® SUNBEAM, LADY SUNBEAM, MIXMASTER, T.M. VISTA

Vista

RI

100

Till de vanligaste föremål som följde med till Agder under efterkrigsåren hörde amerikanska köksmöbler. På 1950-talet fick de sin karakteristiska form – glada, moderna och aerodynamiska – med breda kromkanter, mönstrade bordsplattor och stoppade stolar med överdrag i färggrann vinyl. De amerikanska köksmöblerna skilde sig från de spinkigare stålrörsmöbler som kom i produktion i Norge vid samma tid. De var ett typiskt exempel på det designhistorikern Thomas Hine har kallat *populuxe*; framstegsoptimistisk, populär, massproducerad lyx för alla.[6] De representerade också en annan del av efterkrigsårens amerikanska design än de föremål som ställdes ut på *Amerikansk form*. Populuxe stod för konsumtion, fantasi och livliga former. Den betraktades som vulgär av vissa, men omfamnades av människor i gemen. Också av norska invandrare i 1950-talets USA.

Under åren i Amerika hade migranterna tillägnat sig ett modernt konsumtionsmönster där det var centralt att uttrycka sin individualitet genom konsumtion. Genom att ta med köksmöblerna på flyttlasset hem kunde de uttrycka sin individuella stil. Samtidigt signalerade möblerna att de hade varit i Amerika. De hemvändande emigranterna blev masskulturens ambassadörer i sina hemtrakter, i en tid då valfriheten och varuutbudet i hemlandet hade sina begränsningar.

SÅDANA SOM FILMSTJÄRNORNA HAR

Migrationen till Amerika och de impulser den medförde, påverkade inte bara dem som var direkt inblandade. Också människor som själva inte varit där drömde om, och fick tag på, saker från Amerika. Släktingar eller bekanta som befann sig i USA kunde "ta upp beställningar" och skicka hem amerikanska föremål. På det sättet hamnade många köksmöblemang hemma hos människor som aldrig varit i USA. Andra kopierade. Till exempel började två små verksamheter på Sørlandet tillverka kopior av amerikanska köksmöbler till en lokal marknad.

För lokalbefolkningen i Agder blev de amerikanska sakerna symbolen för ett Amerika som var mycket starkt närvarande också i deras dagliga liv. Det var ett vardagslivets Amerika som grundade sig på förstahandskunskapen hos dem som hade tillbringat delar av livet "over there". Det hade satt sina spår i språket och samtalsämnena, i frånvaron av grannar och släktingar som var iväg till New York på jobb, och i det materiella välstånd de tog med sig tillbaka. Detta vardagslivets Amerika vävdes samman med influenserna från amerikansk populärkultur. De välklädda och världsvana norskamerikanerna i bygden blev förebilder för många. Och sakerna de omgav sig med förbands med en viss glamour. Eller som en kvinna som växte upp på Lista på 1960-talet uttryckte det, så var hon som ung flicka övertygad om att de amerikanska köksmöblerna var sådana som alla filmstjärnorna i Amerika hade. ■

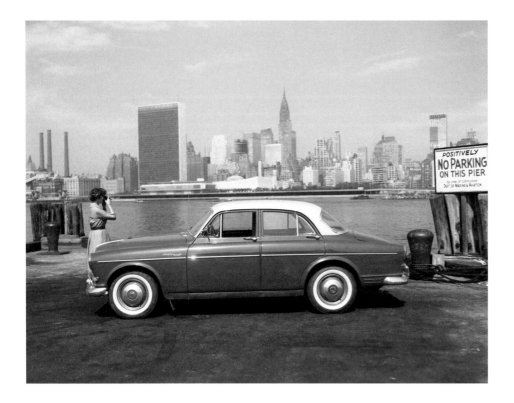

←

Volvo P1225, 1956 (1960), med
FN:s huvudkvarter och Manhattan
i bakgrunden.

JAN WILSGAARD (1930–2016)
Amerikansk med norska föräldrar,
verksam i Sverige

Volvo

Volvo blev i USA synonym med
säkerhet. Företagets modell 1225,
som i Sverige gick under namnet
Amazon och som lanserades i USA
på The International Automobile
Show i New York 1959, försökte
medvetet efterlikna amerikansk
bildesign. Volvoingenjören Nils
Bohlins trepunktsbälte blev 1959
standard för framsätena i Amazon
i Sverige och Volvo blev därmed
det första bilföretaget i världen som
införde detta bälte som standard
i sina modeller. Efter ytterligare
tester blev det 1963 också standard
i USA-modellerna.

←

Reklambild för General Motors
1959 Buick Electra 225, fotografe-
rad i Cranbrook Academy of Arts
trädgård med Carl Milles *Triton*-
pool i bakgrunden.

När den amerikanska bilindustrin
expanderar internationellt på 1910-
talet öppnade Ford och General
Motors monteringsfabriker runt
om i världen. Ford började montera
bilar i Danmark 1911 och GM åtta
år senare. I Stockholm invigde
GM 1928 en fabrik för montering
av bland annat La Salle, Pontiac,
Chrysler, Buick, Cadillac, Chevolet,
Oldsmobil och Opel.

7

Svenskt mode i USA under 1960-talet
Kläder och nationell identitet

PATRIK STEORN

NÄR DEN STARKA kopplingen mellan Skandinavien och design etablerades för en internationell publik under 1900-talet hamnade mode ofta i skymundan. Det har gjort att många tror att det är först under de senaste decennierna som Danmark, Norge, Sverige och Finland har börjat profilera sig med kläddesign.[1] Men redan under efterkrigstiden, då modevärlden stegvis blev alltmer polycentrisk, och det fanns ett intresse för att upptäcka nya stilar, fick de nordiska länderna en hel del uppmärksamhet för en konfektion som balanserade vardaglig enkelhet med färgstark formgivning.

En kritisk inställning till mode, där modeplagg har givits rollen som symbol för konsumtion och sociala skillnader, har ofta beskrivits som typiskt svensk.[2] Men samtidigt fanns under 1960-talet en inhemsk modekultur med flera kreativa formgivare och en innovativ klädindustri som producerade modevaror som låg rätt i tiden. De blev eftersökta och exporterades dessutom ut i världen.[3] Genom en kombination av modets materiella och symboliska värden exporterades också en bild av Sverige som ett moderiktigt och modernt land. Mode blev i själva verket en viktig komponent i formandet av bilden av "svenskhet", vilket syntes tydligt i amerikansk media under den här perioden. Hur uppfattades då svenskt mode i USA och vilka var de föreställningar om svenskhet som exporterades tillsammans med kläderna?

MODERIKTIGA BILDER AV SVERIGE

I september 1968 ägnade den amerikanska veckotidningen *Life* ett nummer åt svenskt mode, med följande rubrik: "Sweden's Wild Style. The New Fashion Find – The Land of the Blondes". Reportaget innehåller ett urval av svenskt mode som visas i totalt 15 spektakulära modebilder av den brittiske fotografen Norman Parkinson.[4] Såväl enskilda formgivare som etablerade varumärken är representerade. Långa kvinnor med blont midjelångt hår poserar i skilda miljöer såsom en mystisk skog eller ett bördigt fält, en dimmig gårdsplan framför ett 1600-talspalats, de smala gränderna i Gamla stan i Stockholm eller i fönstret till ett avantgardistiskt konstgalleri med verk av Carl Fredrik

Reuterswärd. Konstnären Marie-Louise De Geer poserar själv i en overall
av Gunila Axén i sitt och dåvarande maken Carl Johans färgstarka konst-
närshem. Modellerna är alla klädda i konfektionstillverkade plagg, enkelt
skurna och utförda i mjuka, färgglada tyger. Parkinson tycks mycket medvetet
ha placerat kläderna i en omgivning med likartad färgsättning. En mönstrad
klänning i blått av Inez Svensson matchas mot en blåmålad kolonistuga och
en modell som bär en ärmlös mjukgrön klänning från Bertil Wahl poserar
i ett fält med mognande vete.

En av de mest anslående bilderna visar Sighsten Herrgårds unisexoveraller,
formgivna för att passa båda könen och alla generationer. Formgivaren står
själv mitt i bilden och poserar tillsammans med sin dåvarande flickvän Ann
Jennifer. Bakom dem står Herrgårds båda föräldrar och på var sida om dem
står hans två bröder med sina familjer. En hög klippa bildar bakgrund och
små svartvita fåglar, sillgrisslor, sitter sida vid sida längs skrevorna i berg-
väggen. Bilden är tagen på Biologiska museet i Stockholm, där fullskaliga dio-
ramor av nordisk natur med alla typer av uppstoppade djur har visats sedan
museet öppnades på 1890-talet. Motivet anknyter på flera sätt till föreställ-
ningar om svensk jämlikhet mellan könen. Precis som hanar och honor hos
sillgrisslorna har samma fjäderdräkt, bär de mänskliga paren samma plagg.

Svensk design har ofta karaktäriserats med epitetet "blondhet", vilket syftat på ljusa färger, naturmaterial och enkla former. I relation till svenskt mode verkar det dock som att ordet "blond" fick en annan betydelse. Här anspelas snarare på kopplingen mellan blondiner och "den svenska synden". Uttrycket dyker första gången upp i en artikel med rubriken "Sin and Sweden", som den amerikanske journalisten Joe David Brown publicerade i den amerikanska veckotidningen *Time* i april 1955.[5] I texten hävdades att utomäktenskapliga relationer, unga ogifta mödrar och aborter hade vuxit till ett socialt och moraliskt problem i Sverige. Artikeln var dock snävt vinklad och byggde på intervjuer med företrädare för Svenska kyrkan, främst äldre män. Även om den svenska ambassaden lämnade in en formell protest till redaktörerna för *Time* och påpekade att artikeln baserats på falska grunder, fick den ett stort gensvar bland läsare i hela världen.

Under samma period väckte de svenska filmerna *Hon dansade en sommar* av Arne Mattsson (1951) och *Sommaren med Monika* av Ingmar Bergman (1953) internationell uppmärksamhet eftersom de visade nakenbad och sexuellt umgänge utomhus mellan ogifta unga vuxna.[6] Reaktionerna blev starka och vissa scener censurerades i Storbritannien samt i ett antal amerikanska stater. Den poetiska realismen i filmerna och den depraverade bild som målades upp i artikeln i *Time* verkar på något sätt ha bekräftat varandra. Idén om "den svenska synden" har alltså sitt ursprung i USA, och även om den är löst baserad på felaktiga källor, långfilmer och populärkultur, fick den stort genomslag och verkar också haft en viss inverkan på uppfattningen om svenskt mode.

Norman Parkinson hade varit i Sverige redan 1958 för att på uppdrag av *Life* fotografera formgivaren Ebba von Eckermanns färgstarka modekläder.[7] I ett av fotografierna poserar en blond kvinna lutad mot en häst och iförd ett par korta shorts. Under ett samtal med Ebba von Eckermann berättade hon för mig att detta plagg egentligen inte var en del av hennes kollektion, utan hade tillverkats just för fotograferingen. Detta upprepades när fotografen Gordon Parks kom till Sverige några år senare för att fotografera badkläder för *Sports Illustrated*. På en av bilderna bär en modell en badkjol från von Eckermann som är öppen i sidan.[8] Också detta plagg gjordes endast för den amerikanska modepressen och fanns inte till försäljning. Bilderna skildrar kvinnokroppen som sensuell och naturlig och ansluter tydligt till de svenska filmernas utomhusscener. Kläderna hade skapats som rekvisita till dessa scener som passade med de befintliga stereotyperna om "svenskhet".

Dessa är bara några exempel på svenska kläder som figurerade i amerikansk press under 1960-talet.[9] Media har en avgörande roll i formandet av klädernas

SPORT ON THE NEW FRONTIER *by JOHN F. KENNEDY*

Sports Illustrated

THIS ISSUE **35** CENTS

DECEMBER 26, 1960

SPECIAL
DOUBLE
ISSUE

↑

Den amerikanske presidenten Jimmy Carter och hans hustru Rosalynn. Hon är iförd en Marius-tröja av den norska formgivaren Unn Søiland Dale.

Efter att ha sett Søilands handstick-ade tröjor på omslaget till *Vogue*, säkrade chefen för det amerikanska modeföretaget McGregor en licens som gav rätten att maskinsticka ett antal av hennes modeller. Dessa "Norwegian Sweaters", som också gick under namnen "Viking style" och "Norse Knits", blev en succé. Stavanger Aftenblad skrev 1958 i en artikel om deras designer: "I USA har de något som kallas karriärkvinnor – här i Norge har vi Unn Søiland."

symboliska språk, och med filosofen Roland Barthes terminologi kan "svensk-het" förstås som en mytologi, ett narrativ som bidrar till att konstruera före-ställningar som har en särskild kapacitet att uppfattas som självklara eller naturgivna.[10] Modetidningar pekas av Barthes ut som den viktigaste instan-sen i den transformativa process där kläder tilldelas nya betydelser, som i dessa forum också kan anpassas för en tilltänkt publik. Mode fick i detta sammanhang en aktiv roll i formandet av bilden av "det svenska" och gestal-tades efter tre huvudsakliga motiv. Det första var naturen, men inte bara det svenska landskapet och klimatet (utomhus eller iscensatt i ett museum), utan också i form av kroppen, särskilt kvinnokroppen. Det andra var moder-niteten när det gäller sociala reformer, teknik och en frigjord livsstil, men också avantgardistisk konst, film och populärkultur. Det tredje slutligen var sagan, en särskild mystik med hänvisning till äldre svensk historia, men också till det nordiska arvet och folklore. Modekläder och modebilder utgjorde en del i skapandet av dessa nationella stereotyper som i vissa avseenden har resonans än i dag.

Modesystemets geografiska mönster förändrades under 1960-talet. New York stal en stor del av modevärldens uppmärksamhet från Paris och Europa, och staden blev en viktig arena för en mer globaliserad modescen.[11] Det svenska modet spelade en dubbel roll i formandet av en ny modekultur i USA. Å ena sidan representerade det en typ av moderna kläder som tilltalade amerikanska konsumenter, å andra sidan uppfattades plaggen som typiskt "svenska" och därigenom "exotiska", och tillskrevs sensuella och till och med syndiga egenskaper. Modebilderna förmedlade egentligen inte någon föreställning om att det fanns en unikt svensk modekänsla. Snarare utgick från de uppfattningar om Sverige som fanns i USA. Framförallt framhölls Sverige som ett "socialt laboratorium" där nya, progressiva idéer kunde prövas, men man anknöt även till den stereotypa föreställningen om "den svenska synden".[12] Bilderna av svenskt mode användes också för att utmana en etablerad, konser-vativ smak i USA, och fick därmed representera alternativa, kosmopolitiska sätt att relatera till mode som ett personligt uttrycksmedel. ∎

8

Amerikansk-skandinaviskt hantverksutbyte, 1945 till 1970

GLENN ADAMSON

ARLINE FISCH FICK ett Fulbright-stipendium för att studera hantverk i Danmark inte bara en utan två gånger. Första gången var 1956, när hon bara var 25 år och entusiastisk men fortfarande relativt oerfaren. Efter att ha mottagit stipendiet reste hon till Köpenhamn, men när hon kom till Kunsthåndværkerskolen blev hon otrevligt bemött av en administratör. Kanske låg det henne i fatet att hon inte kunde danska. Administratören misstänkte att Fisch planerade att stjäla danska idéer, och tyckte också att hennes intresse för att studera både keramik och silversmide var besynnerligt. Kanske verkade hennes ambitioner amatörmässiga. Men Fisch stod på sig. Först tillbringade hon en tid på skolan och kom sedan till en verkstad som antog henne som lärling.

1966 återvände Fisch – som nu var etablerad på den amerikanska hantverksscenen – till Danmark. Hon behandlades med större respekt denna gång och fick också särskilt tillträde till museisamlingar. Vid sina besök där blev hon djupt imponerad av historiska mongoliska smycken, bland annat bröstprydnader och örhängen. Hon hyrde också en egen studio. Hennes andra vistelse i Köpenhamn blev fantastisk och produktiv. Trots detta hade hon reservationer; Skandinavien verkade mindre skrämmande än ett decennium tidigare, men också mindre spännande. "Förändringen mellan 1950- och 1960-talet var astronomisk", mindes Fisch senare. "Hantverksvärlden var väldigt livlig och dynamisk [i USA]. Den verkade inte lika dynamisk i Danmark."[1]

Under perioden mellan Fischs två besök hade onekligen mycket förändrats både i USA och i de nordiska länderna. Det hade även förhållandet mellan de två regionerna, åtminstone när det gällde design: det internationella intresset för modern skandinavisk design hade passerat sin höjdpunkt. Fisch hade fått andra erfarenheter, delvis på grund av hennes eget förändrade perspektiv, men även de var karakteristiska för detta större skifte. På 1950-talet verkade Skandinavien vara en idealisk, rentav utopisk miljö för hantverksproduktion som präglades av en fulländad symbios mellan hantverkaren och industrin. Men på 1960-talet var rollerna ombytta. Amerikaner, särskilt i

Kalifornien där Fisch hade slagit sig ned, banade väg för ett nytt, experimentellt och i alla avseenden individualistiskt förhållningssätt till hantverk. Inställningen i de nordiska länderna verkade vid en jämförelse utslätad och föråldrad. Yngre skandinaviska formgivare började nu vända blickarna mot Amerika för inspiration; en del, som Erik Gronborg, flyttade rentav dit.

För att förstå varför skandinavisk design verkade vara så oerhört attraktiv för amerikaner under åren närmast efter kriget är det värt att kortfattat beskriva situationen för den amerikanska hantverksrörelsen vid denna tid.[2] Dess dominerande synsätt var modellen formgivare–hantverkare, med utgångspunkt i idén att industrin skulle dra nytta av vad hantverkarna bidrog med. Hantverkarens roll skulle vara att utforma prototyper och fungera som rådgivare i produktionen, för att säkerställa både kvalitet och tydlighet i visionen. Dessvärre visade sig den amerikanska industrin svårpåverkad. Tillverkare som siktade mot massmarknaden tenderade att betona effektivitet och nyhet snarare än integritet.

Det fanns dock några framgångssagor, varav de flesta involverade europeiska emigranter som hade meriterat sig genom arbete för industrin i sina hemländer. Påfallande många av dessa ledande krafter var från Skandinavien och Finland. Den finländska vävaren Marianne Strengell undervisade i textil vid Cranbrook Academy of Art enligt principen "först och alltid: forskning".[3] Den amerikanskfödde men i Danmark utbildade John Prip undervisade i

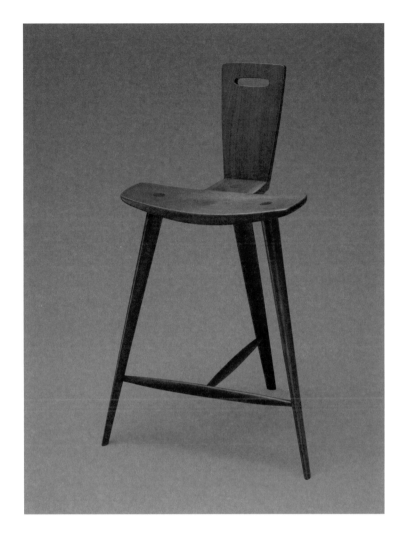

↑

Pall, 1979
Valnöt

TAGE FRID (1915–2004)
Dansk, verksam i USA

metallprogrammet vid The School of American Craftsmen (SAC) och utsågs 1957 till "designer in residence" hos silverproducenten Reed & Barton.[4] Tage Frid, även han dansk, var kollega till Prip på Kunsthåndværkerskolen och senare på Rhode Island School of Design (RISD).[5] Andra skandinaver som var aktiva i USA som lärare var den finska keramikern Maija Grotell på Cranbrook, de svenska vävarna Ingeborg Longbers och Inge Werther Krok på Penland School of Crafts i North Carolina och den danske silversmeden Hans Christensen på SAC. Den finska vävaren Martta Taipales hade ett förordnande som lärare vid Penland 1954 och fick en avgörande betydelse för den stora textilkonstnären Lenore Tawney i början av hennes karriär genom att introducera henne för vävfältet.[6]

Att så många av dessa invandrade formgivare inte drog sig för att att förmedla färdigheter till lärlingar, trots sina ibland begränsade kunskaper i engelska, berodde på att de hade erfarenhet av denna roll i Skandinavien. Där sågs sådana arrangemang nästan som en självklarhet inom glas-, keramik-, möbel- och textilindustrin. Den bakomliggande logiken var inte så mycket ideologisk som pragmatisk. Det handlade inte om att hitta en möjlig roll för den moderna hantverkaren, utan snarare om att formgivare förväntades ha grundläggande tekniska kunskaper inom sina discipliner. På 1950-talet hade mekaniseringen inte hunnit breda ut sig i Skandinavien. I stor utsträckning var det så även i Italien och Japan, de båda andra länder som amerikanska hantverkare kände störst dragning till och där tillverkningen fortfarande främst skedde för hand. Där kunde formgivare (till och med vara tvungna att) arbeta nära skickliga team av hantverkare. Detta väckte avund hos dem som undervisade inom det mer slumpartade amerikanska systemet, som sällan kunde erbjuda en stabil yrkesmässig grund och inte heller etablerade vägar till arbeten inom industrin.[7]

I likhet med Fisch och andra amerikaner som besökte Skandinavien och tog med sig värdefulla lärdomar från denna unika miljö blev nordiska konstnärer som besökte Amerika alltmer inspirerade av den frihet de fann där: influenserna började flöda i andra riktningen. Bertil Vallien, som utexaminerades från Konstfack i Stockholm 1961, åkte till Los Angeles för att tillträda en tjänst som formgivare hos ett företag vid namn Hal Fromhold Ceramics. Under sina två år där kunde han använda verkstäderna för att arbeta med egna projekt, influerad av vitaliteten i hantverksrörelsen i Kalifornien och den amerikanska samtidskonsten. En utställning med hans verk visades i juni 1962 på Ryder Gallery, nästan vägg i vägg med det legendariska Ferus Gallery som samtidigt presenterade Andy Warhols första utställning på västkusten.[8]

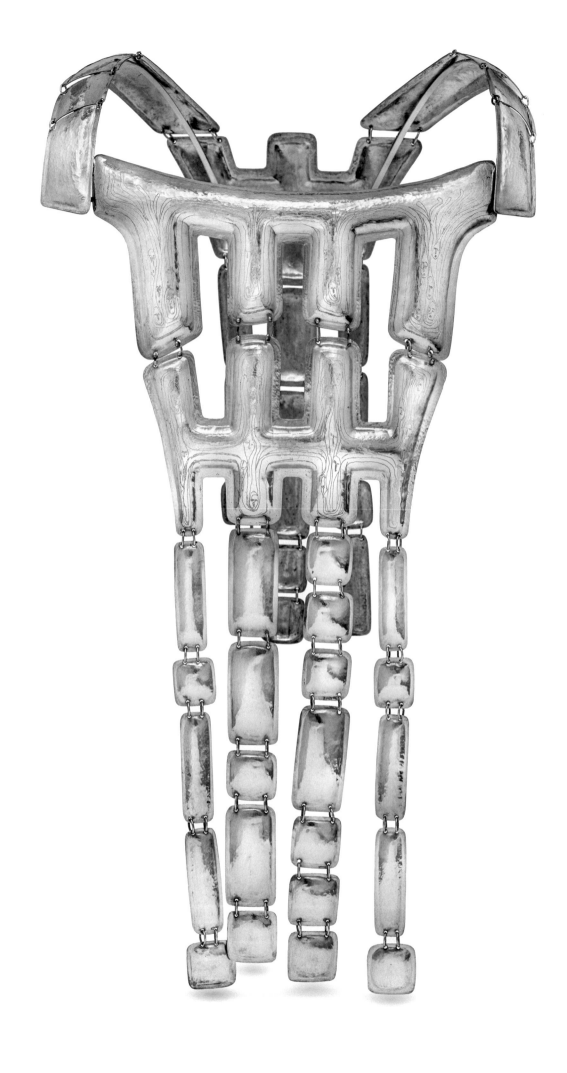

↑

Skål, 1983
Stengods

ERIK GRONBORG (FÖDD 1931)
Dansk, verksam i USA

Gronborgs subversiva skulpturala
arbeten utmanade etablerade för-
väntningar om att keramik skulle
präglas av ett nyttoperspektiv. Den
här skålen är ett exempel hur han
använde livfulla glaseringar och
utnyttjade tidningars bilder av
utpräglat amerikanska företeelser
som cowboys, bilar och datorer.

←

Kroppssmycke, *Front & Back
body ornament*, 1971
Silver

ARLINE FISCH (FÖDD 1931)
Amerikansk

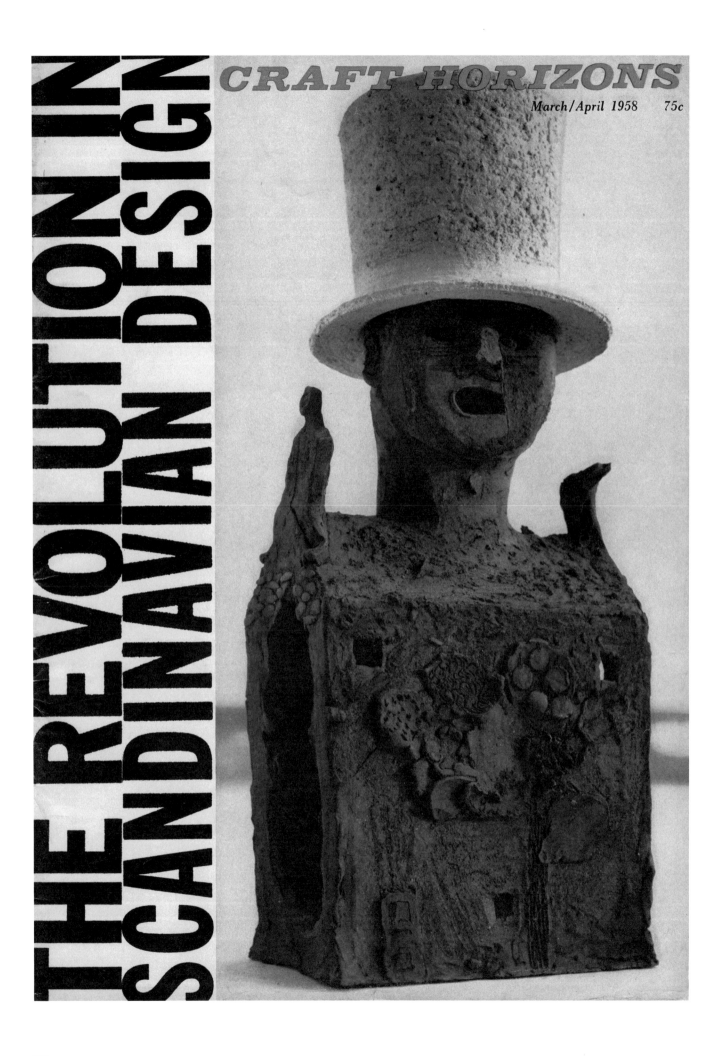

THE REVOLUTION IN SCANDINAVIAN DESIGN

CRAFT HORIZONS

March/April 1958   75c

← Tidskrift, *Craft Horizons*
(The Revolution in Scandinavian
Design), mars/april 1958

CONRAD BROWN (1922–2016)
Amerikansk, redaktör

"Jag känner att jag verkligen fick en injektion här", minns Vallien. "Innan jag kom dit var jag en av de där studenterna som gjorde trevliga tekannor med fina glasyrer – den typen av grejer. Men när jag fått uppleva attityden, friheten hos hantverkarna där, särskilt krukmakarna – vilket liv det är i deras arbeten! – åkte jag tillbaka upplivad, mina idéer hade fullständigt förändrats."[9]

Bodil Manz, som nyligen hade utexaminerats från den danska Kunsthåndværkerskolen, hade en liknande omvälvande upplevelse när hon deltog i Peter Voulkos program på Berkeley 1966 tillsammans med sin man Richard Manz, även han keramiker. Hon fängslades av det expressionistiska arbete som utfördes där – "människor stänkte omkring sig överallt, det var fantastiskt" – och blev särskilt imponerad av att se porslin blandas i stora maskiner och användas till skulpturer. Porslinet var ett material som hon tidigare uteslutande hade förknippat med industriell tillverkning. Trots att de andra studenterna till att börja med avfärdade parets Manz arbete och tyckte att det var för konservativt var Voulkos oväntat entusiastisk när de visade honom sina portföljer. Han karakteriserade deras verk som *riktiga* kannor" och förklarade att "det kommer att vara så bra för mina studenter att se dem". När de återvände till Köpenhamn etablerade paret sig som ledande gestalter bland studiokeramikerna. Bodil Manz särpräglade uttryck, med överföringstryckta mönster på både de inre och yttre ytorna på tunna gjutna porslinscylindrar, var väldigt olikt Voulkos, men hon menar att hennes tid på Berkeley ändå blev viktig eftersom den styrde in henne på en mer experimentell bana.[10]

Av en slump kunde Lisa Larson, som hade arbetat på Gustavsberg tillsammans med Richard och Bodil Manz, ansluta sig till dem i Kalifornien. Larson hade nått slutet på en mycket omfattande resa över hela landet, som sponsrats av Svenska Exportföreningen. Denna hennes "livs resa", vilket var så hon kom ihåg den, tycks också sammanfatta det nordiska hantverkets historia i Amerika i en enda händelse. Larsons resa började med en utställning på Georg Jensen i New York. Via Georg Jensens direktör Jørgen Jenk fick hon erbjudande om att formge stengods för en tillverkare i Appalacherna. Hon uppskattade keramik producerad där, men hade inte möjlighet att anta erbjudandet. Därefter besökte hon varuhus över hela landet, i St. Louis, New Mexico, Los Angeles och slutligen San Francisco. Där anslöt Lisa och hennes man Gunnar till paret Manz i Voulkos studio; hon minns att hon slogs av de politiska energierna som var i svang på västkusten vid den tiden (de berömda "sit-ins" för yttrandefrihet på Berkeley var då på gång) och de amerikanska keramikernas ambitiösa, storskaliga arbeten. När hon återvände till Sverige gjorde hon totemliknande, expressionistiska verk som var tydligt influerade av västkustens särpräglade stil – och fullbordade sin utveckling från "designerhantverkare" till skulptör.[11]

Det skulle vara svårt att föreställa sig den dynamiska energin på dagens skandinaviska hantverksscen utan det amerikanska inflytandet från 1960-talet och framåt, och det fortsatta idéutbytet sedan dess. Starka band av ömsesidig respekt mellan USA och Norden smiddes efter andra världskriget, liksom djupa strömmar av ömsesidiga influenser. I dag, i en tid när efterkrigstidens studiohantverk omvärderas, måste det transformativa mötet mellan Amerika och Skandinavien ses som en av dess största framgångssagor. ∎

↑

Skulptur, 1967
Stengods

LISA LARSON (FÖDD 1931)
Svensk

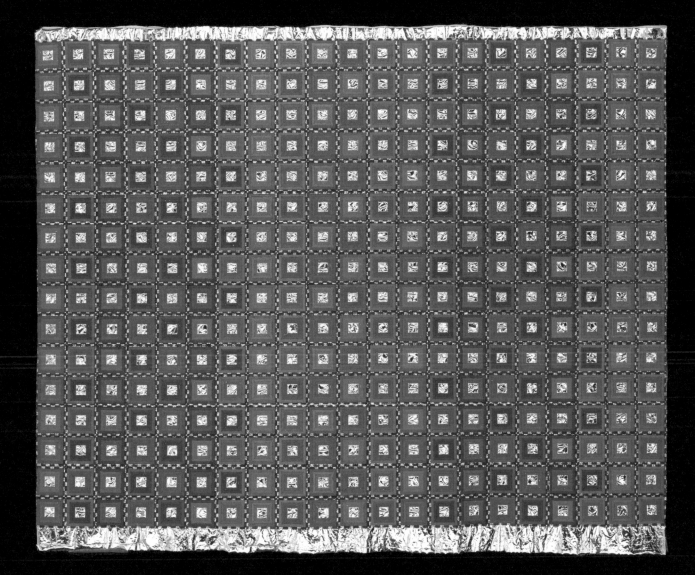

↑

Textil, *Magnum*, 1970
Bomull, vinyl, nylon, polyester, Mylar

JACK LENOR LARSEN (1927–2020)
Amerikansk

WIN ANDERSON (1922–2009)
Amerikansk

Jack Lenor Larsen, Inc.
Aristocrat Embroidery Corporation

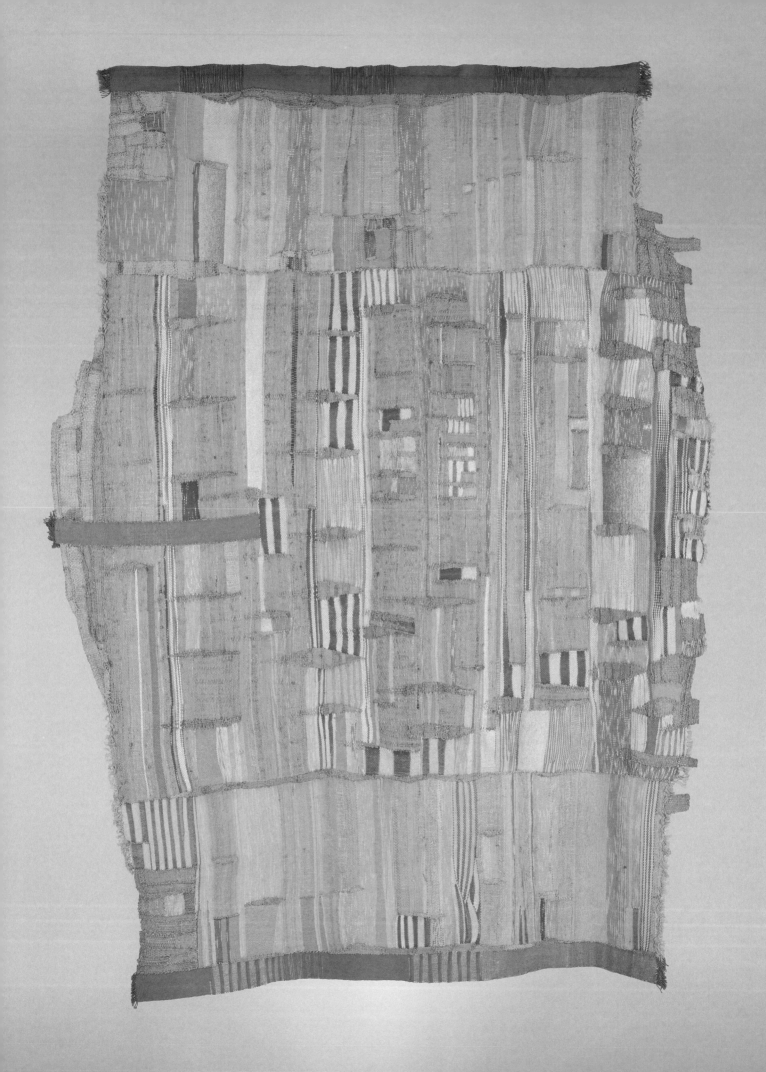

←

Vävnad, *Modular Construction*, 1968
Bomull, lin, silke, bast

ED ROSSBACH (1914–2002)
Amerikansk

Ed Rossbach utbildade sig vid
Cranbrook Academy of Art och
studerade keramik med Maija
Grotell och vävning för Marianne
Strengell. Han var en av Strengells
skickligaste studenter, arbetade
i en rad olika fibertekniker och
använde sig av okonventionella
material. Efter examen kom han
att göra karriär som lärare och få
ett stort inflytande. Först var han
knuten till University of Washing-
ton där han hade textilkonstnären
Jack Lenor Larsen som assistent,
men fortsatte sedan till University
of California på Berkeley.

→

Vävnad, *Bird Cage*, ca 1968
Ull, lin, trä

ALICE KAGAWA PARROTT
(1929–2009)
Amerikansk

Alice Kagawa Parrot menade att
hennes främsta förebild var Lenore
Tawne – en innovativ amerikansk
textilkonstnär som studerat för den
finska väverskan Martta Taipale
– vilket de naturliga fibrerna och
den fria formen hos denna vävnad
bekräftar. Parrot studerade också
för den finska textildesignern
Marianne Strengell på Cranbrook.
Parrots många kontakter med skan-
dinaviska formgivare vittnar om
den skandinaviska vävtraditionens
stora inflytande på amerikansk
fiberkonst.

Vävnad, *Bubba Smith
of the Baltimore Colts*, 1969
Ull, lin

HELENA HERNMARCK
(FÖDD 1941)
Svensk, verksam i USA

Helena Hernmarck Tapestries Inc,
Ridgefield

Helena Hernmarck lämnade Sverige
för Kanada 1967 och bosatte sig i
USA 1975. I Amerika möttes hon
av en ny värld av överflöd och kon-
sumtion. Popkulturen inspirerade
många samtida experimentella
textilkonstnärer som arbetade
abstrakt och tredimensionellt.
Hernmarck reagerade dock annor-
lunda. Hon valde att återvända till
bildvävens ursprung och skildrade
berättelser. Förlagan till den här
väven är en tidningsbild av fotbolls-
spelaren Bubba Smith, fångad i ett
dramatisk matchögonblick.

9

Oliktänkande och frihetens gengångare

USA:s kultur och 1960-talets nordiska konst

LARS BANG LARSEN

UNDER DET KALLA KRIGET ställde sig regeringarna i Norden utrikespolitiskt på USA:s sida. Vietnamkriget blev dock en avgörande faktor för att många människor i väst – däribland konstnärer – vände sig politiskt mot USA för första gången sedan andra världskriget. Samtidigt blev konstnärer influerade av det amerikanska sättet att göra konst, av amerikansk motkulturell politik och amerikansk populärkultur, och de förhållningssätt till ny teknik som blev vanliga i USA. På så vis rymde den konstnärliga dialogen mellan Skandinavien och USA en ambivalent relation som förhandlades fram genom ett frihetsbegrepp i förhållande till bilder och begreppen konstnärlig, politisk och ekonomisk frihet. Den amerikanska självständighetsförklaringen kan ses som en förebild för detta frihetsbegrepp, precis som det var färgat av hur "frihet" användes som ett västligt kamprop under det kalla kriget. "[D]en amerikanska revolutionen", skriver historikern Michael Kimmage, alstrades av en transatlantisk dynamik och "var gjord för export". Sålunda hade Thomas Jefferson, självständighetsförklaringens författare, föreställt sig den som en "frihetskula" som skulle "rulla över världen" – ett messianskt perspektiv på amerikansk demokrati, som också USA-kritiska konstnärer i Norden var påverkade av.[1]

Kanske var det till och med så att västvärlden blev fixerad vid USA och dess bilder. Den norske konstnären Kjartan Slettemarks collage *Nixon Visions* (1971–1974), med den amerikanske presidentens ansikte komiskt omarrangerat till hypnotiska, deliriska mandalor, tyder på det. Med tanke på hur Nixons uppsyn återkommer i konstnärens serier i så många oroväckande och vanställda skepnader kan man dock vara tryggt förvissad om att han hyste allt annat än religiösa känslor gentemot denne.

En annan norsk konstnär, Per Kleiva, behandlade också bildpolitiken under Vietnamtiden på ett kontraintuitivt sätt, men i dystrare ton. Hans *Amerikanska sommerfuglar* ("Amerikanska fjärilar", 1971) konfronterar betraktaren med amerikanska stridshelikoptrar av den typ som användes i Vietnam: de svävar med fjärilsvingar över ett brinnande fält. Verket flätar samman de hotande militärplanen och en biblisk insektsinvasion med fjärilarnas

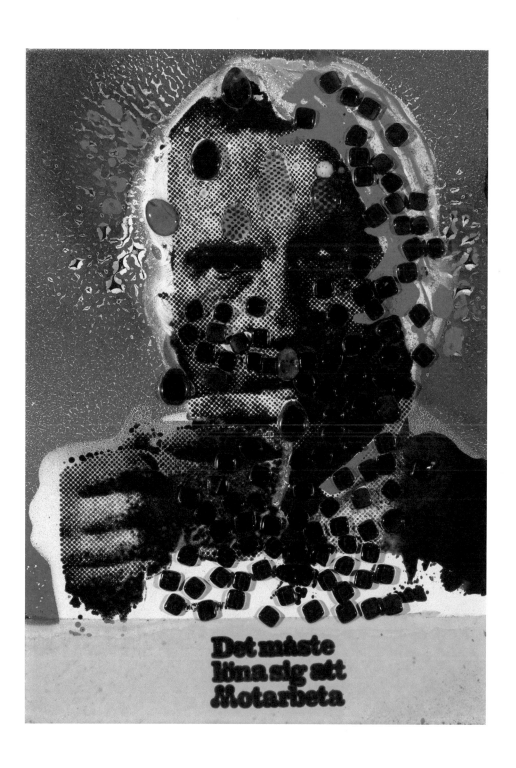

←

Amerikanske sommerfuglar, 1971
Screentryck på papper

PER KLEIVA (1933–2017)
Norsk

↑

Det måste löna sig att motarbeta
(från serien *Nixon-emaljer*),
1973–1974
Emaljerad metall

KJARTAN SLETTEMARK
(1932–2008)
Norsk

ROBERT KENNEDY   MEDGAR EVERS   MALCOLM X

ANDREW GOODMAN   BOBBY HUTTON   JOHN CHANEY

GEORGE LINCOLN ROCKWELL   MICHAEL SCHWERNER   MARTIN LUTHER KING

JOHN KENNEDY   LENNY BRUCE   LEE HARVEY OSWALD

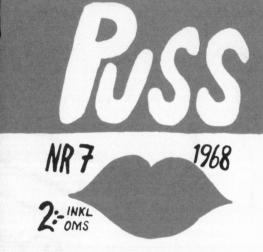

PuSS

NR 7   1968

2:- INKL OMS

EXTRA**FETT** SOMMARNUMMER

AUG

lätthet och ömtålighet och skapar en påträngande symbolisk laddning av ofrånkomlig förstörelse och död.

Mellan 1967 och 1972 skapade den amerikanska konstnären Martha Rosler sin berömda collageserie *House Beautiful: Bringing the War Home.* Här fogade hon samman bilder från slagfältet i Indokina med bilder av välbärgade amerikanska hem i en visuell ordlek om Vietnamkriget som det första "vardagsrumskriget" som trängde in i det kollektiva medvetandet genom TV-apparaterna. Den isländske konstnären Erró använder en liknande rumslig kollision i *American Interior* (1968), där FNL hotar invadera en sovrumsmiljö som tycks hämtad från sidorna i ett inredningsmagasin. I en stil som kunde varit en politiserad Roy Lichtenstein sätter Errós målning samman två olika estetiker, reklam och agitprop, för att skapa effekten av ohållbar och motsägelsefull familjelycka.

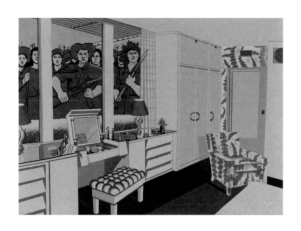

↑

American Interior n° 10, 1968
Akryl på duk

ERRÓ (FÖDD GUÐMUNDUR
GUÐMUNDSSON, 1932)
Isländsk

Vietcong (den väpnade kommunistiska revolutionsarmén i Vietnam och Kambodja) ska just storma ett amerikanskt idealhem.

Antiamerikanismen i den svenska tidskriften *PUSS* inspirerades till stor del av amerikansk motkultur och undergroundmedier, såsom yippierörelsens okonventionella politiska propaganda (som å sin sida lånade från Situationistiska internationalen i Europa).[2] *PUSS* utkom mellan 1968 och 1973 och dess redaktörer var en skiftande grupp konstnärer, bland andra Karin Frostensson, Carl Johan De Geer, Lars Hillersberg, Åke Holmqvist, Leif Katz, Karl-Erik Liljeros, Ulf Rahmberg, Lena Svedberg och Christer Themptander. Ett informellt nätverk av gatuförsäljare, som fick en procentandel av försäljningen, distribuerade *PUSS* imponerande upplagan på 10 000 exemplar per utgåva varannan månad. Det var inte bara det konventionella samhället med sitt "plastfolk" som var måltavla för *PUSS* ofta obscena form av politisk satir, utan också de röda och bohemerna. På så sätt var tidskriften ett motgift mot både harmoniskt hippieliv och en skandinavisk konsensuskultur. Popkonst hade introducerats för en svensk publik med Andy Warhols separatutställning på Moderna Museet våren 1968 – hans första på ett museum utanför USA – men *PUSS* tog en annan väg för att ta itu med amerikanska influenser och troper. Lena Svedbergs mörka skildringar av *Konsumentkvinnan* är till exempel en lika osminkad social kommentar som vilken som helst av Robert Crumb och återges i en stil som liknar den senare grafiska romangenrens: "konsumentkvinnan" är en tragisk, uppsvälld förortskaraktär vars själ har gått förlorad till ett kommersialiserat samhälles vrångbilder av hennes behov.[3]

Den svenske konstnären Öyvind Fahlström – även han en *PUSS*-kolumnist – anses vara den förste konstnären och poeten som skrev ett försvar för konkret poesi. Med utgångspunkt i Pierre Schaeffers *musique concrète* skapade han dikter som var avsedda att höras som musik och göra det svenska språket mer komplext. Fahlströms arbete karaktäriserades av radikala experiment och hans eklektiska smak. Han arbetade med olika konstnärliga medier och uppfann till och med sina egna, bland annat den "variabla målningen" som tillkom strax efter att han flyttat till New York 1962. Här kunde målade element fästas på en pannå med magneter eller snöre och teoretiskt ordnas i valfri konfiguration. Senare utvidgade han också variationen till tredimensionella strukturer och arbetade med illustrerade "karaktärsformer" som skulle stå för okända upplevelser och leda till ett sökande efter nya ord. I början av 1970-talet började Fahlström göra narrativa, tecknade världskartor

←

Tidskrift, *Puss,* nr 7, 1968

LARS HILLERSBERG
(1937–2004)
Svensk

ÅKE HOLMQVIST
(FÖDD 1939)
Svensk

KARL-ERIK LILJEROS
(FÖDD 1939)
Svensk

LENA SVEDBERG
(1946–1972)
Svensk

↑

Charlotte Johannesson mötte
grundarna av Apple i Silicon
Valley, som blev centrum för
den framväxande teknodigitala
revolutionen i Kalifornien.

→ →

Vävnad, *Sydvietnamesisk
flyktingpojke*, 1973–75
Ull

MARIA ADLERCREUTZ
(1936–2014)
Svensk

Maria Adlercreutz skildrade sam-
tiden i sin vävkonst. Hon var politiskt
engagerad och brann för global
solidaritet. I flera vävar är utgångs-
punkten pressfoton från Vietnam-
kriget. Frågan hon ställde sig var om
minnet av en förfärlig händelse kan
bevaras om den förevigas i en väv.

som gjorde samtida världspolitik läsbar. Hans *Sketch for World Map* (1973)
är en kommentar till USA:s politiska och militära inblandning i det kalla
krigets brutala globala maktspel.[4]

Den självlärda svenska Charlotte Johannesson påverkades starkt av den
svensk-norska vävaren Hannah Ryggen, som i mitten av 1900-talet skapade
en plats för textila verk inom fältet "konst". För egen del började Johannesson
i slutet av 1960-talet använda vävning som ett protestmedium där propagan-
distiska budskap på ett oväntat sätt fördes fram med hjälp av den vävda bil-
dens mjukhet och långsamhet. 1978 skaffade Johannesson sin första Apple
II Plus – den första massproducerade "mikrodatorn". Strax därefter startade
hon och partnern Sture Johannesson Digitalteatern i sin lägenhet i Malmö.
Denna digitala verkstad, som de byggde upp helt på egen hand, var Skandi-
naviens första studio för digital konst. Här arbetade paret med maskiner de
hade tagit hem från Kaliforniens spirande datorindustri och därmed slöts
cirkeln med Silicon Valley och västkustens motkultur som hade påverkat
Johannessons tidiga experiment. Genom att byta ut sin vävstol mot en dator
aktiverade hon de två teknologiernas gemensamma moderna historia, som
manisfesterades i den industriella erans mekaniserade vävstolar. De oféren-
liga egenskaperna som representeras av de två maskinerna – analog och
digital, vävning och kodning, materiell och virtuell, kvinnlig och manlig,
hantverk och industri etc. – blev formbara beståndsdelar i en ny sensibilitet
där Johannesson kunde handskas med sin tids representationskriser. Hon
lärde sig själv hur man programmerar Apple II Plus för att skapa grafik för
skärmen eller till ritningar som kunde "plottas" (detta var före skrivaren).
I sin digitala grafik från slutet av 1970-talet och början av 1980-talet kanali-
serade hon samtida massmedier till personligt modulerade bilder, som om
internets framtida cybernetiska verklighet redan hade slagit rot i hennes
nervsystem och låtit henne skapa ett fordon eller en tidsmaskin som kunde
ta henne till en annan värld.[5] ■

→

Take me to another world, 1981–86
Bläck på papper, datorplotterutskrift
CHARLOTTE JOHANNESSON
(FÖDD 1943)
Svensk

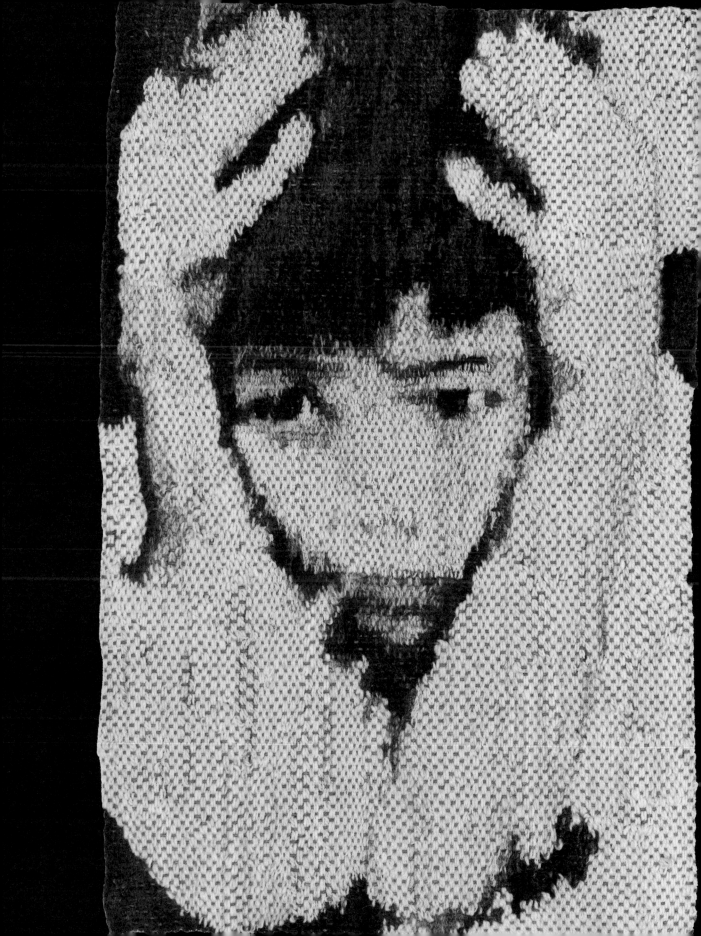

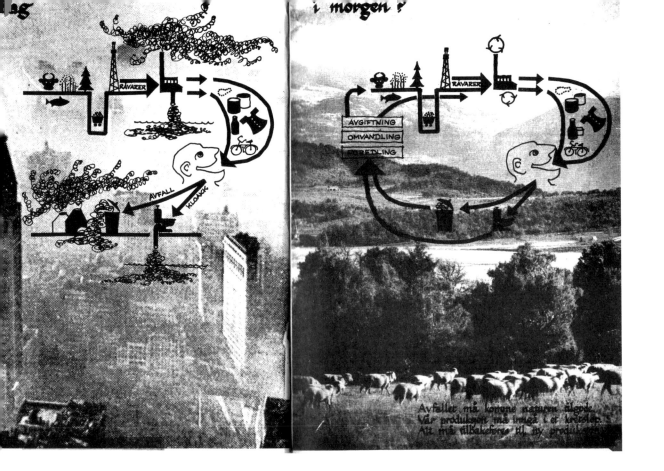

AVGIFTNING
OMVANDLING
FOREDLING

RÅVARER

AVFALL · KLOAKK

Avfallet må komme naturen tilgode.
Vår produksjon må inngå i et kretsløp.
Alt må tilbakeføres til ny produksjon.

...sutställningen *og etter oss...*
...nerade i Norge 1969, var-
...r en framtida miljökollaps.
...manställs den förorenade
...olen, exemplifierad med
...tan, med ett idealiserat
...andskap. Utställningen
...les av Dag Norling, Heidrun
...Næss, Turid Horgen, Snorre
...n, Gábor Szilvay och Eyvind
...som alla var studenter
...tekturhøgskolen (AHO)
...ch invigdes i Oslo av stats-
...r Per Borten och den svenske
...ristagaren i ekonomi
...: Myrdal.

10 När design utvecklade ett samvete

KJETIL FALLAN

I KÖLVATTNET AV EFTERKRIGSTIDENS ekonomiska mirakel och design-professionernas anmärkningsvärda framgång med att utrusta alla konsumentmedborgare på båda sidor om Atlanten med de bekvämligheter som hörde till den moderna livsstilen, skedde något oväntat: design utvecklade ett samvete. Efter att ha försett den ständigt växande medelklassen med ständigt fler jukeboxar och Juicy Fruit-tuggummin, villor och Volvobilar, började formgivare och kritiker att i tilltagande grad omvärdera syftet och de etiska aspekterna med sitt arbete. Hur skulle "bra design" kunna ges en innebörd mer åt hållet att *göra* något bra, snarare än att *se* bra ut? Denna tendens var särskilt tydlig under perioden mellan modernismens kris vid mitten av 1960-talet och framväxten av nyliberalismen på 1980-talet. Den hade en sådan omfattning att vi kan prata om det här tidsfönstret som en "social vändning" i skandinavisk design. Designkulturerna i Skandinavien och USA utvecklade sig rätt olika under den här perioden, men denna sociala vändning präglas ändå av många och viktiga transatlantiska förbindelser. När skandinaviska formgivare försökte använda sin kompetens för att uppnå större samhällelig nytta, är det tre områden eller sammanhang som utmärker sig. Dessa kan förstås som koncentriska cirklar av samvete: 1) Formgivning för fler användare än funktionsfriska vuxna (omsorg om hela samhället); 2) Formgivning som en del av internationellt bistånd (omsorg om hela mänskligheten); och 3) Formgivning för ekologisk hållbarhet (omsorg om hela planeten).

Att träda in i den första cirkeln innebar både en utvidgning och en nyansering av den konventionella förståelsen av vem användaren är, och vad det vill säga att formge för sådana atypiska användare. En av de första användargrupperna som utövade ett betydande inflytande på formgivningen i Skandinavien var barn. Efterhand som förståelsen av barn ändrade sig från att de sågs som miniatyrversioner av vuxna till att de i högre grad värdesattes utifrån sina egna premisser, blev produkter formgivna för barn inte längre utformade som miniatyrutgåvor av den vuxna versionen. Barnstolar skulle bli ett omhuldat objekt för utforskandet av denna princips kreativa potential, med Kristian

Stol, *Tripp Trapp*, 1972
Bok, metall

PETER OPSVIK (FÖDD 1939)
Norsk

Stokke

Tripp Trapp-stolen är ett exempel
på multifunktionell design, det vill
säga design som gör att ett objekt kan
anpassas till en bredare grupp av
användare. Den såldes i speciella
designaffärer i USA från 1976.

Vedels multifunktionella möbel (1955), Stephan Gips *Robust* (1962) och Peter Opsviks *Tripp Trapp* (1972) som nyckelexempel. Att Skandinaviens position på det här området har uppfattats som mycket central i USA illustreras av att alla dessa stolar (samt en lång rad andra skandinaviska produkter) visades på MoMA:s utställning om formgivning för barn 2012 – en utställning som till och med tog sin titel från en bok av Ellen Key, *Barnets århundrade*.[1] En annan grupp som ägnades större uppmärksamhet av formgivare under den här perioden var de funktionshindrade. Kampen för funktionshindrades rättigheter var på stark framväxt både i Skandinavien och USA, och i den intog studenter en framskjuten position.[2] Ett antal av dem som intresserade sig för de här båda områdena möttes sommaren 1968 för en serie seminarier som anordnades av den kortlivade Skandinaviska designstudenters organisation (SDO) och där de frispråkiga amerikanska designprofeterna Richard Buckminster Fuller och Victor Papanek eldade på publiken. En av uppgifterna på det första seminariet, som hölls i Helsingfors, var att formge en lekplats för barn med cerebral pares.[3] Under en workshop på det andra seminariet, vilket ägde rum i Stockholm, utvecklade den danska designstudenten Susanne Koefoed den första versionen av det som senare kom att bli känt som den internationella tillgänglighetssymbolen – pictogrammet med en stiliserad rullstol.[4] En annan av deltagarna på dessa seminarier var Maria Benktzon som i samarbete med Sven-Eric Juhlin skulle komma att omsätta dessa idéer om det som senare blev känt som en universell formgivning i kommersiella produkter. Ett känt exempel på detta är deras nu ikoniska köksredskap för personer med nedsatt känsel i händerna.[5]

Språnget från social till global solidaritet var en naturlig följd av det faktum att världen blev mindre under 1960-talet. Under den här perioden ökade också det internationella biståndet enormt. Formgivare från Skandinavien, USA och resten av västvärlden enrollerades nu tillsammans med experter från en rad andra fackområden i en storstilad strategi för kunskapsöverföring och utbyte. Ett särskilt intressant skandinaviskt exempel på sådan "design för utveckling" är Kristian Vedels insats som professor och ledare för Afrikas första industridesignutbildning vid Nairobis universitet (1968–1971), där han – med viss friktion – kom att arbeta sida vid sida med den amerikanske designern och utbildaren Nathan Shapira.[6] Både dansken och amerikanen hade en stark tro på formgivningens potential att förbättra levnadsvillkoren för människor på det södra halvklotet,

→

Servis, *ÄTA/DRICKA*, 1978
Rostfritt stål, plast

MARIA BENKTZON (FÖDD 1946)
Svensk

SVEN-ERIC JUHLIN (FÖDD 1940)
Svensk

Ergonomi Design
RFSU Rehab

↑

Överst
Tillgänglighetssymbol, 1968

SUSANNE KOEFOED (FÖDD 1948)
Dansk

Nederst
Tillgänglighetssymbol,
*International Symbol of Access
(ISA)*, 1969

KARL MONTAN (1914–2000)
Svensk

Svenska Handikappinstitutet
grundades 1968. Karl Montan var
den förste direktören och tog
tillsammans med en kommitté fram
ISA-symbolen, vilken hade Susanne
Koefoeds design som utgångspunkt.
Institutet bytte 1998 namn till
Hjälpmedelsinstitutet och 2014
gick verksamheten över Myndig-
heten för delaktighet (MFD)

men deras uppfattningar om hur detta skulle kunna uppnås var diametralt olika. Medan Shapira förespråkade industrialisering enligt västerländskt mönster, orienterade sig Vedel mot så kallad alternativ teknologi och tradi-tionell materiell kultur. Vedels arbete i Kenya finansierades av det då nyeta-blerade Danish International Development Agency (DANIDA) och hade som mål att främja designutbildningen i ett postkolonialt samhälle som ivrigt ville ta de västerländska industrisamhällenas kunskapsbas i anspråk utan att upprepa deras ständigt mer uppenbara socioekonomiska och miljö-mässiga konsekvenser.[7] Det här exemplet tar på så sätt också steget från den andra till den tredje koncentriska samvetscirkeln genom att utvidga designens etiska ansvar till att inkludera inte bara mänskligheten som helhet utan också icke-mänsklig natur.

Insikten om att ditt levebröd bidrar till att undergräva grundvalen för liv på vår planet är överväldigande och potentiellt förlamande. Periodens starka miljörörelse hade därför ett betydande inflytande på den sociala vändningen inom formgivningen – och vice versa.[8] Ett aningen oväntat exempel på detta ömsesidiga förhållande, som också kännetecknas av en tydlig transatlantisk förbindelse, finner vi i den djupekologiska rörelsen. Från slutet av 1960-talet utvecklade en grupp norska filosofer och bergsklättrare med Arne Næss i spetsen ett säreget sätt att konceptualisera relationer mellan människa och natur, och mellan materiell och icke-materiell kultur. Næss hade en nära och långvarig relation till Kalifornien och tillbringade mycket tid i Yosemite

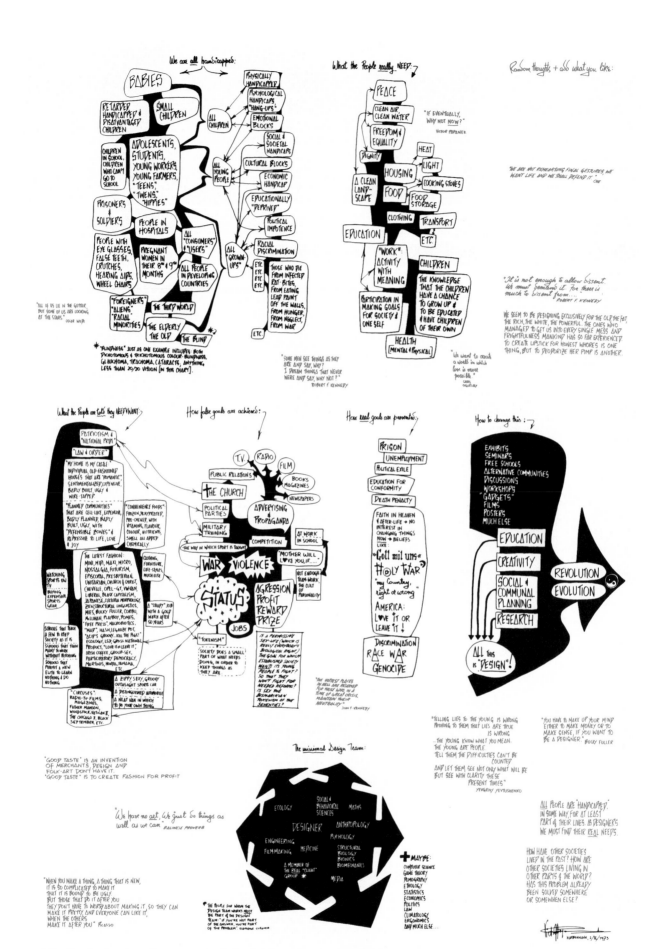

"BIG CHARACTER" POSTER NO.1: WORK CHART FOR DESIGNERS.

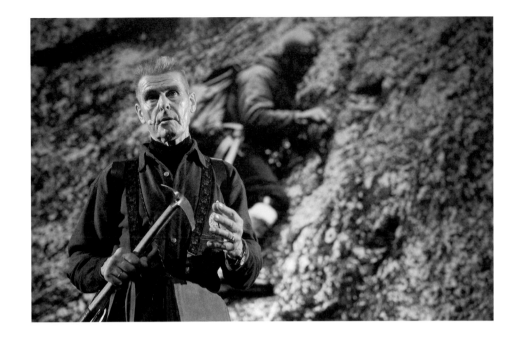

Nils Faarlund (född 1937) föreläste 2007 på *Framtanker* (Forward Thinking), en årlig konferens organiserad på DOGA (Design and Architecture Norway). I handen håller han en yxa av märket Chouinard Equipment som han ägt och använt sedan cirka 1970 och som han i detta föredrag framhöll som ett exempel på bra, hållbar design. Bilden i bakgrunden föreställer Faarlund när han bergsklättrar på 1960-talet.

←

Big Character Poster No. 1: Work Chart for Designers, 1969
Affisch

University of Applied Arts, Vienna.
Victor J. Papanek Foundation.

VICTOR PAPANEK (1923–1998)
Österrikisk, verksam i USA och Skandinavien

Det första versionen av denna teckning dök upp på ett seminarium som hölls av Skandinaviska designstudenters organisation (SDO) i Köpenhamn 1969. Den vara skapad av Victor Papanek och ett försök att rita en karta över de moraliska och sociala plikter som borde gälla för formgivare. Den visade också hur formgivarnas ställning kunde stärkas om de arbetade i mulitidisciplinära team. En reviderad version av den handritade kartan, som ingick i Papaneks bok *Design for the Real World*, släpptes som en affisch 1973.

och Berkeley under den kaliforniska motkulturens glansdagar. Den åldrande filosofiprofessorn var förstås varken hippie eller formgivare – men han var välinformerad om och intresserad av den utveckling som pågick inom de här områdena. Under sin vistelse i San Francisco Bay-området fann han sig oförhappandes mitt i ett veritabelt växthus för ett växande motkulturellt närmande till ekologisk design. De nordiska ekofilosofernas och de amerikanska hippiemodernisternas intressen konvergerade via redskap, i både konceptuell och konkret bemärkelse. De förstnämnda sökte och utvecklade klätterredskap och friluftsutrustning som var mindre skadliga för den natur de värdesatte så högt, medan de senare kontinuerligt var på jakt efter redskap som kunde hjälpa dem leva på och av jorden, oavhängiga av det större samhället. Dessa omaka relationer resulterade också i konkreta bidrag till skandinavisk designkultur, som till exempel när Næss medklättrare, civilingenjören Nils Faarlund, designade tält, ryggsäckar och annan fjällutrustning i samarbete med producenter som Helsport och Bergans.[9]

Skandinavisk designkultur genomgick stora förändringar under 1960- och 1970-talen, och det jag här har kallat den sociala vändningen är en av de mest centrala aspekterna av den omdaningen. Genom att utöka räckvidden för sitt etiska ansvar utvecklade formgivare ett samvete som bidrog till etableringen av nya praxisområden såsom social och ekologisk design. ∎

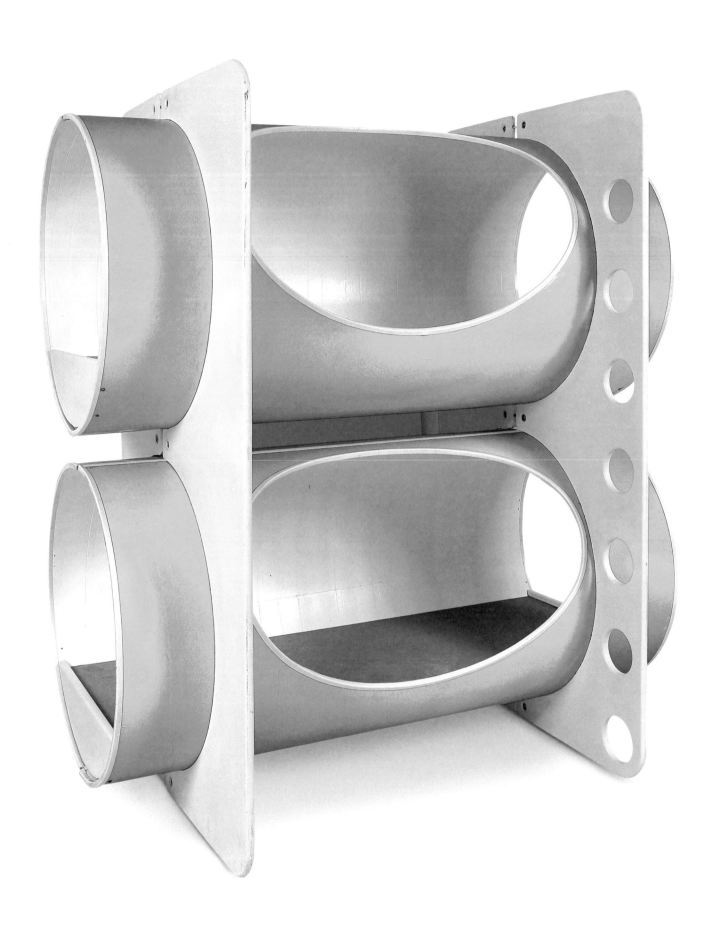

Våningssäng, *BIG TOOBS*, 1972
Fiberskiva, trä, vinyl

JIM HULL (FÖDD 1942)
Amerikansk

PENNY HULL (FÖDD 1943)
Amerikansk

H.U.D.D.L.E.

Foto: Sverre Christian Jarild

Formgivarna Jim och Penny Hull, som var verksamma i Kalifornien, skapade *BIG TOOBS*-sängarna som en reaktion på bristen på barnmöbler som passade barns livsstil. Denna lätta och billiga möbellinje designades i samma anda som Kristian Vedels barnstol och främjade både lek och barns sätt att fungera. Sängarna, som var gjorda av prefabricerade tuber, förde in hållbarhet i det moderna sovrummet. Publicerad i *Nomadic Furniture* (1973).

Skiss, *Bostäder för offshore-oljerigg*, 1977

NJÅL R. EIDE (1931–2016)
Norsk

VIGORHUS

Efter att stora oljefyndigheter upptäckts under den norska kontinentalsockeln 1969, blev amerikanska bolag kraftigt involverade i utvecklingen av den norska oljeindustrin och gav både tekniskt och ekonomiskt stöd. Denna utveckling utmanade bilden av Norge som ett samhälle som var progressivt i miljöfrågor. Innan han började rita bostäder på oljeplattformar hade arkitekten Njål R. Eide formgivit interiörer på Den Norske Amerikalinjes fartyg.

Villa Normann, Jessheim, Norge

JAN & JON, 1979
Norska

"Robert Venturi vände upp och ned på hela mig" (*Arkitektnytt.* no 10 maj 2019). Jan Digerud fullbordade sin amerikanska arkitekturutbildning med en masterexamen vid Yale 1965. För honom var Venturis föreläsningar de viktigaste inslagen i kursen. De kom senare att ligga till grunden för den amerikanske arkitektens postmoderna klassiker *Complexity and Contradiction in Architecture* (1966). Villa Normann var inspirerad av Venturis "Mother's House" i Philadelphia och utmanade den nordiska modernismens hegemoni.

Slutnoter

INTRODUKTION

1 Graham C. Boettcher, "Dragons in America", i *Scandinavian Design and the United States 1890–1980* (utst.kat.) Los Angeles County Museum of Art och Milwaukee Art Museum, München, London, New York 2020, s. 81–91.

KAPITEL 1

1 Derek E. Ostergard, "Modern Swedish Glass in America 1924–1939", i *The Brilliance of Swedish Glass 1918–1939. An Alliance of Art and Industry*, The Bard Graduate Center for Studies in the Decorative Arts, New York, New Haven och London, 1996, s. 140–145.
2 *Report of Commission appointed by the Secretary of Commerce to visit and report upon the International Exposition of Modern Decorative Art in Paris 1925*, New York 1926. *Utställning av amerikansk konstslöjd*, Sverige-Amerika Stiftelsen, Stockholm; Det Danske Kunstindustrimuseum, Köpenhamn; Röhsska, Konstslöjdmuseet, Göteborg, 1930.
3 *A Selected Collection of Objects from the International Exposition of Modern Decorative and Industrial Art at Paris 1925* (utst.kat.), American Association of Museums, Washington D.C. 1925; Joseph Breck, "Modern Decorative Arts: A Loan Exhibition", i *The Metropolitan Museum of Art Bulletin*, 1926, vol. 21, nr 2, s. 36–37; Joseph Breck, "The Current Exhibition of Modern Decorative Arts", i *The Metropolitan Museum of Art Bulletin*, 1926, vol. 21, nr 3, s. 66–68; Marilyn F. Friedman, "The United States and the 1925 Paris Exposition: Opportunity Lost and Found", i *Studies in the Decorative Arts*, 2005–2006, vol. 13, nr 1, s. 94.
4 Christine Wallace Laidlaw, "The Metropolitan Museum of Art and Modern Design: 1917–1929", i *The Journal of Decorative and Propaganda Arts*, Arts, 1988, vol. 8, s. 83; Nicolas Maffei, "John Cotton Dana and the Politics of Exhibiting Industrial Art in the US, 1901–1929", i *Journal of Design History*, 2000, vol. 13, nr 4, s. 301–317; Ezra Shales, *Made in Newark. Cultivating Industrial Arts and Civic Identity in the Progressive Era*, New Brunswick och London 2010, s. 13–18.
5 Joseph Breck, "Modern Decorative Arts", i *The Metropolitan Museum of Art Bulletin*, 1923, vol. 28, nr 11, s. 244–246; Laidlaw 1988, s. 93–94.
6 Helena Kåberg, "An introduction to Gregor Paulsson's Better Things for Everyday Life", i *Modern Swedish Design. Three Founding Texts*, The Museum of Modern Art, New York 2008, s. 59, 69.
7 Joseph Breck, "Swedish Contemporary Decorative Arts", i *The Metropolitan Museum of Art Bulletin*, 1927, vol. 22, nr 1, s. 1–4; "The Swedish Exhibition", i *The Metropolitan Museum of Art Bulletin*, 1927, vol. 22, nr 2, s. 41–42; Gregor Paulsson, "The Artist and the industrial Arts", i *The Metropolitan Museum of Art Bulletin*, 1927, vol. 22, nr 2, s. 42–44; Gregor Paulsson, *Swedish Contemporary Decorative Arts*, Industrial Arts Monograph No. 2, The Metropolitan Museum of Arts, New York 1927; Louise Avery, "Modern Swedish Glass", i *The Metropolitan Museum of Art Bulletin*, 1927, vol. 22, nr 8, s. 212–215.
8 Dag Blanck, "Sverige-Amerika Stiftelsen 100 år", i *Sverige-Amerika Stiftelsen 100 år. 1919–2019*, Stockholm 2018, s. 8.
9 Blanck, 2018, s. 14.
10 Breck, 1927, s. 4, 41.
11 *Exhibition of Swedish Contemporary Art* (utst.kat.), Art Institute of Chicago, Chicago 1927.
12 Cranbrook Archives, Box 23, Folder 14, Art Collection, Purchase Records, Swedish Association of Arts and Crafts, 1927.

KAPITEL 2

1 Vid denna tid undervisade Saarinen på University of Michigan's School of Architecture, där paret Booths son Henry var en av hans studenter. Davira S. Taragin, "The History of the Cranbrook Community", i *Design in America: The Cranbrook Vision, 1925–1950* (utst.kat.), Robert Judson Clark och Andrea P.A. Belloli (red.), Detroit Institute of Arts och Metropolitan Museum of Art, New York 1983, s. 34–45.
2 Brev från John Sjunneson till George Booth, 4 november 1927 (Box 23, Folder 14, Art Collection, Purchase Records, Swedish Association of Arts and Crafts, 1927), Cranbrook Foundation Papers.
3 Tage Palm, som satt vid rodret på Swedish Arts and Crafts Company, deltog i förhandlingen om Milles position. Se avtal, 20 februari 1930 (Box 24, Folder 16, Correspondence, Carl Milles, 1929–1930), Cranbrook Foundation Papers.
4 "Milles Will Become an American Citizen", i *New York Times*, 28 januari 1932, s. 2.
5 Martin Eidelberg, "Ceramics", i *Design in America*, Clark och Belloli, 1983, s. 221–22; *Maija Grotell* (utst.kat.), Cranbrook Academy of Art, Bloomfield Hills, MI, 1967.
6 Ann Marguerite Tartsinis, "Marianne Strengell", i *Knoll Textiles, 1945–2010* (utst.kat.), Earl James Martin (red.), Bard Graduate Center, New Haven 2011, s. 381–383.
7 Tage Palm hjälpte till med Berglunds pass från det amerikanska generalkonsulatet i Stockholm. Brev från Tage Palm till George Booth, 23 oktober 1929 (Box 23, Folder 13, Art Collection, Purchase Records, Swedish Arts and Crafts Company, 1928–1929), Cranbrook Foundation Papers.
8 Leena Svinhufvud, "The Cranbrook Map: Locating Meanings in Textile Art", i *Imagining Spaces and Places*, Saija Isomaa et al. (red.), Newcastle upon Tyne 2013, s. 199–225.
9 De amerikanska tegelläggarna arbetade under norrmännens överinseende. Elizabeth C. Clark, *Beside a Lake: A History of Kingswood School Cranbrook*, Bloomfield Hills, MI, 2006. Vårt tack till Kevin Adkisson för att han gett oss denna referens. Att studera vid Cranbrook sågs som attraktivt även i de nordiska länderna. Norska exempel på detta är arkitekten Are Vesterlid som studerade där 1952 och guldsmeden Gudmund Elvestad som fick ett Fulbrist-stipendium för att studera där 1959–60.
10 Bobbye Tigerman, "'I Am Not a Decorator': Florence Knoll, the Knoll Planning Unit and the Making of the Modern Office", i *Journal of Design History* 20, 2007, nr 1, s. 61–74.
11 "Chronology", i *Aalto and America*, Stanford Anderson, Gail Fenske och David Fixler (red.), New Haven och London 2012, s. vii–ix.
12 Kevin Adkisson, "Cranbrook and Frank Lloyd Wright", oktober 2017, https://center.cranbrook.edu/frank-lloyd-wright-smith-house-cranbrook-and-frank-lloyd-wright (2021-01-29).
13 Kevin Adkisson, "Le Corbusier Comes to Cranbrook", Cranbrook Kitchen Sink, 22 januari 2021, https://cranbrook kitchensink.wordpress.com/2021/01/22/le-corbusier-comes-to-cranbrook/ (2021-01-29).
14 Bobbye Tigerman och Monica Obniski, "Introduction", i *Scandinavian Design and the United States, 1890–1980* (utst.kat.), Bobbye Tigerman och Monica Obniski (red.), Los Angeles County Museum of Art och Milwaukee Art Museum, München, London och New York 2020, s. 26, och "Andrew Blauvelt and Cranbrook Academy of Art", i *With Eyes Opened: Cranbrook Academy of Art Since 1932*, Bloomfield Hills, MI, 2020.

KAPITEL 3

1 Nicholas J. Cull, *The Cold War and the United States Information Agency. American Propaganda and Public Diplomacy, 1945–1989*, New York 2008. MoMA:s utställningstitel var *American Design for Home and Decorative Use*. I Finland var var utställningen en del av *Det amerikanska hemmet*. I Sverige och Norge visades enbart MoMA:s utställning. Den svenska och norska titeln var *Amerikansk form*.
2 Sverige: Röhsska museet, dec. 1953–jan. 1954, Göteborg; Norge: Kunstnernes Hus, jan.–feb. 1954, Oslo; Permanenten, feb.–mars 1954, Bergen; Permanenten, mars–april 1954, Stavanger; Danmark: Kunstindustrimuseet, juni 1954, Köpenhamn; stadshuset, juli 1954, Århus. "Internationally Circulating Exhibitions 1952–2004", MoMA archives, https://www.moma.org/momaorg/shared/pdfs/docs/learn/icelist.pdf (2021-03-08).
3 Cull, 2008, s. 81–104.
4 Richard H. Pells, *Not Like Us. How Europeans Have Loved, Hated, and Transformed American Culture Since World War II*, New York 1997, s. 82–86.
5 Mary Nolan, "Consuming America, Producing Gender", i *The American Century in Europe*, R. Laurence Moore och Maurizio Vaudagna (red.), Ithaca, NY, 2003, s. 251; Gay McDonald, "The Modern American Home as Soft Power. Finland, MoMA and the 'American Home 1953' Exhibition", i *The Journal of Design History*, 2010, nr 4, s. 388 och s. 392.
6 Greg Castillo, "Domesticity as a Weapon", i *Cold War on the Home Front. The Soft Power of Midcentury Design*, Minneapolis 2010, s. XX; Arthur J. Pulos, *The American Design Adventure,1940–1975*, Cambridge, Massachusetts 1988, s. 242
7 På 1950-talet fokuserade Kaufmann på att lansera kraften och vitaliteten i efterkrigstidens amerikanska design utomlands. Han hade kuraterat den första statligt finansierade utställningen med amerikansk design, *Design for Use, USA*, som turnerade till Stuttgart, London, Paris, Zürich och Milanotriennalen 1951. McDonald, 2010, s. 393–396.
8 Edgar Kaufmann Jr., "Taideteollisuuden asema nykypäivien Amerikassa" [Design i dagens Amerika], i *The American Home* (utst.kat.), Helsingfors Konsthall 1953, s. 5–8.
9 McDonald, 2010, s. 393–396.
10 Maija Koskinen, *Taiteellisesti elvyttävää ja poliittisesti ajankohtaista. Helsingin Taidehallin näyttelyt 1928–1968* [Konstnärligt uppfriskande och politiskt aktuellt. Utställningarna på Helsingfors Konsthall 1928–1968], diss., Helsingfors universitet, 2018, s. 297; McDonald, 2010, s. 387 och s. 396.
11 Kaufmann, 1953, s. 5–8.
12 Den enda utställningen om amerikansk design före 1950-talet var *American Ceramics*. Den visades tillsammans med amerikansk bokformgivning på Helsingfors Konsthall (1937) och väckte knappast någon uppmärksamhet, trots dess utställningsvänliga ämne. Koskinen, 2018, s. 294 och s. 300.
13 Reima Pietilä, "Amerikkalainen koti" [Det amerikanska hemmet], i *Arkkitehti–Arkitekten*, 1953, nr 11, s. 34–36.
14 Annikki Toikka-Karvonen, "Amerikkalaista taideteollisuutta" [Amerikansk design], i *Helsingin Sanomat*, 4 november 1953.
15 Benedict Zilliacus, "Voice of America", i *Hufvudstadsbladet*, 5 november 1953.
16 Eila Jokela, "Amerikkalainen koti ja me" [Det amerikanska hemmet och vi], i *Kaunis Koti*, 1953, nr 4.
17 Annikki Toikka-Karvonen, "Amerikan uusinta taideteollisuutta" [Den senaste amerikanska industridesignen], i *Viikkosanomat*, 29 oktober 1953.
18 Koskinen, 2018, s. 297.
19 *The Annual Report of FAS 1953*, Finnish-American Societys arkiv, Riksarkivet, Helsingfors.
20 Koskinen, 2018, s. 267; USIE Country Plan Finland, 6 mars 1952, USIA, Record Group 306, National Archives and Records Administration (NARA), Washington D.C.
21 "Taidehalli koki eilen ainoalaatuisen yleisömenestyksen, 'Amerikkalainen koti 1953'-näyttely avattiin", [Unik succé på Helsingfors Konsthall igår, "The American Home 1953"-utställningen öppnade], i *Helsingin Sanomat*, 1 november 1953.

KAPITEL 4

1 "I am more than ever convinced that the Scandinavian contribution to our times is THE contribution of this era – and that something should be done to dramatize its position in the world today", Gordon till Cheek, 12 februari 1952, Library of Virginia, Richmond, Archive of the Virginia Museum of Fine Arts, Directors Correspondence 1953–1977, Folder Design in Scandinavia.
2 För en redogörelse för utställningens förberedelse och uppbyggnad samt om amerikanska åsikter om utställningen och skandinavisk design, se Jørn Guldberg, "'Scandinavian Design' as Discourse", i *Design Issues*, vol. 27, nr. 2, 2011, s. 41ff.
3 "The most beautiful object of 1951", i *House Beautiful*,

January 1952, s. 66–67. Ett liknande fat användes som logo för *Design in Scandinavia*-utställningen.

4 ”The new American style grew from America's way of life”, i *House Beautiful,* maj 1950, s. 123; Monica Penick, *Tastemaker. Elizabeth Gordon,* House Beautiful, *and the Post War American Home,* New Haven och London, 2017; Monica Penick, ”Elizabeth Gordon, *House Beautiful and the Scandinavian Look*”, i *Scandinavian Design and the United States, 1890–1980* (utst.kat.), Los Angeles County Museum of Art och Milwaukee Art Museum, München, London och New York, s. 92–102.

5 ”The threat to the next America”, i *House Beautiful,* april 1953, s. 126.

6 Edgar Kaufmann, ”Scandinavian Design in the U.S.A., i *Interiors,* maj 1954, s. 108.

7 Johansson hänvisade bara till att intresset för det vardagliga blev till ett program ”already many years ago”. Det han då tänker på är de programmatiska utställningarna åren kring 1920, först och främst Svenska Slöjdföreningens *Hemutställningen* på Liljevalchs konsthall i Stockholm 1917, *Nye Hjem*-utställningen i Oslo 1920 och ett par motsvarande pedagogiska men halvhjärtade danska utställningar i början av 1920-talet. Också Gregor Paulssons ”propagandaskrift” *Vackrare Vardagsvara,* 1919, hör hemma i detta sammanhang. Johansson refererar till bokens titel som ett samlingsbegrepp för skandinaviskt designtänkande.

KAPITEL 5

1 För kampanjens visuella identitet, se https://www.miksmaster.no/arbeider/fn-sikkerhetsrad

2 Se *The Security Council Chamber,* Jørn Holme (red.), Oslo, 2018 s. 30–31.

3 ”An Unodious Comparison: The Three Council Chambers of the United Nations”, i *Interiors,* juli 1952, s. 44–67; se vidare Nina Berre, ”Arneberg on the International Stage”, i Holme 2018, s. 88.

4 Sarah A. Lichtman, ”Uncovering Else Poulsson: Norwegian Textile Designer”, i Holme 2018, s. 143.

5 Jane C. Loeffler, ”The American Ambassador's Residence in Oslo: A Short Diplomatic History”, *Villa Otium: A Diplomatic Home, The US Embassy,* Oslo 2012; se https://static1.squarespace.com/static/5f245f059205f5309eda13c7/t/5f3ad7f0b12c02433d1c0892/1597691889401/55-Villa-Otium.pdf. Den lokale arkitekten för den amerikanska ambassaden i Köpenhamn var dansken Erik Herløw.

6 Gunilla Lundahl, ”Susanne W Tucker”, i *Kvinnor som banade väg: porträtt av arkitekter,* Gunilla Lundahl, (red.), Byggforskningsrådet, Stockholm 1992, s. 118–123.

7 *Modern Women: Women Artists at the Museum of Modern Art,* Cornelia Butler och Alexandra Schwartz, (red.), Museum of Modern Art, New York, 2010, s. 286. Efterkrigstidens ”god design”-rörelse främjade ett modernistiskt bostadsideal som spreds i västvärlden via museer, media, designreformorganisationer och utbildningsinstitutioner. Se till exempel Penny Sparke, *An Introduction to Design and Culture 1900 to the Present* (3 uppl.), London, 2013, s. 80 och 149.

8 Eva von Zweigbergk, ”Amerikanska ambassaden i glänsande glaspalats”, i *Dagens Nyheter,* 2 juni 1954, s. 1.

9 Bobbye Tigerman, ”'I'm not a Decorator': Florence Knoll, the Knoll Planning Unit and the Making of the Modern Office”, i *Journal of Design History,* vol. 20, nr 1; se https://www.jstor.org/stable/4540337?seq=1

10 Ulf Hård af Segerstad, ”Experiment med renhet”, i *Svenska Dagbladet,* 2 juni 1954, s. 1, 6.

11 Eva von Zweigbergk, ”Amerikanska ambassaden i glänsande glaspalats”, i *Dagens Nyheter,* 2 juni 1954, s. 8.

12 Denise Hagströmer, ”Strengthening Bonds. Eero Saarinen's U.S. Chancery in Oslo, 1955–59”, i *Scandinavian Design and the United States, 1890–1980* (utst.kat.), Bobbye Tigerman och Monica Obniski (red.), Los Angeles County Museum of Art och Milwaukee Art Museum, München, London och New York 2020, s. 175–76.

13 Holme, 2018, s. 162.

KAPITEL 6

1 *Dagbladet,* 15 januari 1954.

2 Siv Ringdal, *Det amerikanske Lista. Med 110 volt i huset,* Oslo 2002.

3 Mark Wyman, ”Return Migration – Old Story, New Story”, i *Immigrant & Minorities. Historical Studies in Ethnicity, Migration and Diaspora,* 20/1 2001, s. 1–18.

4 Siv Ringdal, *Lapskaus Boulevard. Et gjensyn med det norske Brooklyn,* Oslo 2007.

5 Ringdal, 2002.

6 Thomas Hine, *Populuxe,* New York 1987.

KAPITEL 7

1 Marie Riegels Melchior, ”From Design Nations to Fashion Nations? Unpacking Contemporary Scandinavian Fashion Dreams”, i *Fashion Theory. The Journal of Dress, Body & Culture,* 2011, vol. 15, nr 2, s. 177–200.

2 Göran Sundberg, ”Fashion has become fashionable”, i *Swedish Fashion. Exploring a New Identity,* Maria Ben Saad (red.), Stockholm 2008, s. 14–18.

3 Patrik Steorn, ”Fashion History As Hybrid. A Transnational Perspective on the Distribution of Fashion History in Sweden, 1950–1980”, i *Fashion Theory,* 2021, vol. 25, nr 2, s. 223–224.

4 ”Sweden's Wild Style. The New Fashion Find – The Land of the Blondes”, *Life,* 1968, vol. 65, nr 13, s. 88–98.

5 Frederick Hale, ”Time for Sex in Sweden. Enhancing the Myth of the 'Swedish Sin' during the 1950s”, *Scandinavian Studies,* 2003, vol. 75, nr 3, s. 353–357.

6 Ibid., s. 359.

7 *Life,* 1958, vol. 45, nr 14, s. 101.

8 *Sports Illustrated,* 1963, vol. 16, nr 4, s. 41.

9 Patrik Steorn, ”Swedish 1960s Fashion in the U.S.A transnational perspective on fashion and national identity”, i *Querformat,* 2013, vol. 5, s. 63–66.

10 Roland Barthes, ”Language and Clothing”, i *The Language of Fashion,* Oxford 2006, s. 30.

11 Norma Rantisi, ”How New York Stole Modern Fashion”, i *Fashion's World Cities,* Christopher Breward & David Gilbert (red.), Oxford/ New York 2006, s. 119.

12 Frederic Fleisher, *The New Sweden: The Challenge of a Disciplined Democracy,* New York 1967, s. VIII.

KAPITEL 8

1 Muntlig intervju med Arline M. Fisch, 29–30 juli 2001, Archives of American Art, Smithsonian Institution.

2 För en överblick, se Glenn Adamson, ”Gatherings: Creating the Studio Craft Movement”, i *Crafting Modernism,* Jeannine Falino (red.), New York 2011.

3 Alice Adams, ”Marianne Strengell”, i *Craft Horizons,* jan./feb. 1963, vol. 23, nr. 1, s. 34–36, 51.

4 ”John Prip and Reed & Barton”, i *Craft Horizons,* mars/april 1963, vol. 24, nr. 2, s. 39–40. En utställning med hans verk för företaget med titeln *A Craftsman's Role in Modern Industry* visades på Museum of Contemporary Crafts 1962. Se även John Prip, Thomas S. Michie och Christopher Monkhouse, *John Prip: Master Metalsmith,* Providence, RI, och New York 1987.

5 Muntlig intervju med Tage Frid, 24 juni 1980–22 februari 1982, Archives of American Art, Smithsonian Institution.

6 Se Bobbye Tigerman, ”Teachers and students”, i *Scandinavian Design and the United States, 1890–1980* (utst.kat.), Bobbye Tigerman och Monica Obniski (red.), Los Angeles County Museum of Art och Milwaukee Art Museum, München, London och New York 2020, s. 179–200.

7 Glenn Nelson, ”Scandinavian Craft Schools, part one”, i *Craft Horizons,* juli/augusti 1961, vol. 21, nr 4, s. 38–39; Nelson, ”Scandinavian Craft Schools, part two”, i *Craft Horizons,* sept./okt. 1961, vol. 21, nr. 5, s. IX.

8 Helena Kåberg, intervju med Bertil Vallien, 16 mars 2021.

9 Dido Smith, ”Bertil Vallien: Gentle Fantasies Done With Daring and Delight”, i *Craft Horizons,* sept./okt. 1967, vol. 27, nr. 5, s. 9–13, 46. Vid sin återkomst till Sverige

1963 åtog sig Vallien ett uppdrag som formgivarkonsult på Åfors glasbruk och blev en ledande företrädare för skulpturalt glas.

10 Bodil Manz, intervju med författaren, 6 augusti 2018.

11 Denna redogörelse baseras på en intervju med Lisa Larson av Ulrika Schaeder, 9 mars 2021. Mitt tack till Schaeder för att hon delar med sig av sin forskning och Larsons fascinerande berättelse.

KAPITEL 9

1 Michael Kimmage, *The Abandonment of the West: The History of an Idea in American Foreign Policy,* New York 2020, s. 15–16. Se även min text ”Liberty Bells. The Cultural and Political Programme of 'the West' at documenta”, i *documenta. Politics and Art* (utst.kat), D. Blume, R. Gross, L. Bang Larsen, A. Pooth, J. Voss och D. Wierling (red.), Deutsches Historisches Museum, Berlin 2021.

2 Yippie, förkortning av Youth International Party, var en anarkistisk ledarlös organisation i USA som i slutet av 1960-talet skapade mediahappenings och politisk gatuteater, vilka i vissa fall lockade ett stort antal deltagare. Julie Stephens betonar hur Yippies lekfulla, satiriska protestformer baserades på en analys som fokuserade på simulering: ”verkligheten ansågs bara innehålla bilder, och dessutom var alla lika illusoriska”, Julie Stephens, *Anti-Disciplinary Protest. Sixties Radicalism and Postmodernism,* Cambridge 1998, s. 114–115.

3 Se även min text ”PUSS 1968–1973”, i *A Cultural History of the Avant-Garde in the Nordic Countries 1950–1975,* Tania Ørum och Jesper Olsson (red.), vol. 2, Amsterdam 2016.

4 Se även Sharon Avery-Fahlström och Lars Bang Larsen, ”Öyvind Fahlström”, i *Incerteza viva/Live Uncertainty. 32nd São Paulo Biennial* (utst.kat.), Júlia Rebouças och Jochen Volz (red.), Fundção Bienal de São Paulo, São Paulo 2016.

5 Se även min katalogessä ”Faces of Dissent. Charlotte Johannesson's Cyberfeminist Textile Punk and its Countercultural Connections”, i *Charlotte Johannesson. Take Me to Another World* (utst.kat.), Museo Nacional Centre de Arte Reina Sofia, Madrid 2021.

KAPITEL 10

1 *Century of the Child: Growing by Design 1900–2000,* Juliet Kinchin och Aidan O'Connor (red.), New York 2012.

2 Bess Williamson, *Accessible America: A History of Disability and Design,* New York 2019.

3 Alison J. Clarke, *Victor Papanek: Designer for the Real World,* Cambridge, MA 2021, s. 202.

4 Elizabeth Guffey, *Designing Disability: Symbols, Space, and Society,* London 2017, s. 121–133.

5 Lasse Brunnström, *Swedish Design: A History,* London 2018, s. 169–172.

6 Daniel Magaziner, ”The Politics of Design in Postcolonial Kenya”, i *Flow of Forms / Forms of Flow: Design Histories between Africa and Europe,* Kerstin Pinther och Alexandra Weigand (red.), Bielefeld 2018, s. 134–151.

7 Amrik Kalsi, ”A new design education in Kenya”, i *Kristian Vedel,* Lise Schou (red.), Köpenhamn 2007, s. 83.

8 Kjetil Fallan och Finn Arne Jørgensen, ”Environmental Histories of Design: Towards a New Research Agenda”, i *Journal of Design History* 2017, vol. 30, nr 2, s. 103–121.

9 Kjetil Fallan, ”Dyp design i Ville vesten: Da norsk økofilosofi møtte amerikansk økodesign”, i *Nytt Norsk Tidsskrift,* 2020, vol. 37, nr 2, s. 98–112.

Texts in English

Foreword

←

Textil, *Unikko*, 1964 (1965)
Bomull, tryckt

MAIJA ISOLA (1927–2001)
Finsk

Marimekko

Butiken Design Research, grundad av arkitekt Ben Thompson i Cambridge, Massachusetts, 1953, var först med att sälja Marimekkos produkter i USA. Han vänner, arkitekterna Robert och Margareta Eskridge, lärde känna Marimekkos grundare Armi Rati när de 1957–58 vistades i Finland som Fulbrightstipendiater. Klänningar de tog hem fångade Thompsons intresse. De passade väl in i butikens progressiva utbud från bland annat Skandinavien och Design Research kom att spela en viktig roll i den amerikanska lanseringen av Marimekkos tyger och kläder.

CARL MILLES'S SCULPTURE *Emigrants on Fish* depicts seven figures sitting on a large fish. They are on their way someplace and perhaps thinking of the life that awaits them on the other side of the ocean, in a land of dreams. The sculpture was made between 1936 and 1940, when America was the new homeland for millions of migrants from the Nordic countries and many people dreamt of making the journey across the ocean.

The migration of people also entails the migration of ideas and skills. The topic is just as relevant today, in a world in flux where many people are moving and taking their hopes and skills with them, their culture and their motivation.

The topic of the exhibition, Scandinavian design and the USA from 1890 to 1980, asks many questions and rewards the viewer with many answers. As the exhibition curators, Helena Kåberg from Nationalmuseum Stockholm and Denise Hagströmer from Nasjonalmuseet Oslo, have pointed out, the term "Scandinavian Design" is a construction, a projection of different ideas that can be analysed from several perspectives. We are not only talking about the design and function of objects but also about everything else around them: trade, economics, politics, as well as diplomacy. Design can be seen as a way of communicating, an exchange of experiences and ideas between those who emigrated to the USA and those who stayed, as well as those who returned to the Nordic region to pursue their careers here.

Design is there to facilitate and enrich our everyday lives. Between themselves, the Nordic countries each have their own history of theoretical design publications that analyse the impact of design on the well-being of people. In her book *Skönhet för alla* [Beauty for All] (1899), the Swedish writer Ellen Key wrote that beauty is not a luxury in life, rather it makes you feel better, friendlier and happier if you encounter beautiful forms and colours in the things that surround you in your home.

The exhibition presents some of the designers that moved to and were active in the USA, as well as the influence of America on the Nordic countries. We learn more about architecture, glass objects, furniture, textiles and industrial design through a variety of topics, such as the interchange between teachers and students at the Cranbrook Academy of Art, how the New York World's Fair in 1939 highlighted the Nordic countries and how the "Scandinavian Look" was created. Another topic that is addressed is the relationship between design and diplomacy. It is important to remember how major exhibition projects such as this, realised through ambitious collaborations between institutions and scholars, contribute to the field of research by exploring new discoveries and links.

The exhibition is co-organised by the Los Angeles County Museum of Art and the Milwaukee Art Museum in collaboration with Nationalmuseum and Nasjonalmuseet Oslo. This publication is especially developed for the Oslo and Stockholm versions of the exhibition. We are very proud of the successful collaboration and would like to thank everyone who has worked together to make the book and the exhibition possible!

SUSANNA PETTERSSON
Director General Nationalmuseum

KARIN HINDSBO
Director Nasjonalmuseet

Introduction

SCANDINAVIAN DESIGN & USA – People, Encounters and Ideas, 1890–1980 explores how design ideas from the Nordic countries have influenced American material culture, and, vice versa, how influences from the US have affected Nordic design. Themes include migration, cultural heritage, diplomacy, trade, education, professional exchange and design for a socially and materially sustainable future.

The exhibition uses the concept of *Scandinavian Design* as a starting point, which, when conceived and launched internationally in the 1950s, referred to modern design from the Nordic countries. The term was primarily established due to Nordic collaborations which had cultural as well as political and economic attributes. Being seen together and acting under a common banner provided many competitive advantages. Finnish design was also included, despite Finland not being part of the Scandinavian peninsula – in English references, the term Scandinavia was, and still is, used to denote what is actually the Nordic region.

Scandinavian Design, did not, however, only represent modern design in general, but rather, specific characteristics that were associated with Nordic traditions, culture and nature, as well as democratic values. The term is contentious. It can to some extent be taken at face value, but the notion is also a construction that is based on strategic choices that were made to engender a distinct identity that was useful internationally.

By adopting a transnational approach and thereby shifting focus, this exhibition provides a different, more multifaceted history of design. Instead of getting caught up in trying to define what is typically Scandinavian and investing design from different Nordic countries with static characteristics, *Scandinavian Design & USA* tells the story of encounters between people – both those where mutual understanding leads to cross-fertilisation and those where conflicting values can also lead to rewarding exchange. The narrative starts at a time when contact across the Atlantic was marked by migration from the Nordic countries to the US. At that point, art and industrial exhibitions such as the 1893 Chicago World's Fair were among the main events on the international design scene. This exhibition traces how the design relationships between Scandinavia and the US developed up to around 1980, at which point globalisation and the strong profiles of other nations such as Italy and Japan changed the design scene.

Over 50 million people migrated from Europe to the US before immigration was limited in 1924. About three million of them came from Denmark, Finland, Sweden and Norway. This migration of people also brought with it a migration of ideas and skills. Most of the immigrants who worked in design applied for jobs at American companies or started their own, targeting an American clientele. But there were also those who kept traditional crafts alive and passed on their Scandinavian cultural heritage to the next generation. In the US, just as in Norway and Sweden, *rosemaling* and *kurbits* became associated with Nordic identity. A perception that Scandinavian design is rooted in craft traditions had been previously established by the Nordic participants in American expositions. At the Centennial Exposition in Philadelphia in 1876, Swedish exhibitors of folk art and handwoven textiles drew more attention than their compatriots exhibiting modern industrial products. In the twentieth century the focus shifted to modern design, yet while notions of identity constantly changed, producers and spokespersons in international contexts continued to emphasize that the distinctiveness of Scandinavian design lay in its authentic sense of materials and craftsmanship.

The Vikings also became a popular symbol of Scandinavia. In the Nordic countries, Norse motifs were used in all artistic fields in the nineteenth century. The so-called *drakstilen* (Dragon style) was a regional alternative to other motifs from antiquity, used to convey both moral and pan-Nordic political messages of romantic fantasies of a glorious past. Examples of this appeared at world fairs such as the exposition in Chicago in 1893, where visitors experienced a Norwegian pavilion in the shape of a stave church, as well as a replica of the ninth century Gokstad ship, moored in an artificial lake surrounded by monumental white buildings in the Classical style.

The American public and American designers who were inspired by the Dragon style probably perceived it as exciting and exotic – a phenomenon harnessed in the twentieth century by Nordic PR and marketing. In the US, however, it also had a deeper meaning linked to history and cultural heritage. In the 1830s, a movement emerged in the US that sought to prove that the Viking Leif Eriksson was the first European to land on American soil. In the 1870s the movement gathered strength when recent Catholic immigrants from Italy and Ireland espoused Columbus as their hero, at which Protestants championed Eriksson as a role model and pioneer, a brave entrepreneur, a true Yankee.[1]

Migration to America declined in the 1920s, and other forms of encounter between the Nordic countries and the US had a greater impact on the exchange of ideas in the field of design. During the twentieth century, trade between the regions increased and exhibitions at trade fairs and museums became important sites at which people could be exposed to new ideas, lifestyles, cultures and international perspectives. Exhibitions thus became even more important arenas for public diplomacy. They were used intentionally in pursuit of cultural diplomatic purposes because they presented opportunities for nations to introduce themselves to each other, forge friendships and influence public opinion. It was usually a case of so-called soft power, but during the Cold War, exhibitions sometimes resembled ideological battle grounds. Architecture, art and design were used similarly when institutions such as embassies and the UN headquarters were built.

Other effective possibilities, which a more limited audience got the chance to experience personally, were meetings and exchanges that occurred in connection with travel, education and the development of professional networks. In the twentieth century the effect was felt in both directions across the Atlantic. Companies and organisations went on field trips. Professionals from the US and the Nordic region had the opportunity to study and network thanks to grants awarded by organisations such as the American-Scandinavian Foundation, the America Foundations of the respective Nordic countries and the Fulbright Foundation. For Nordic designers, the Lunning Prize, founded in 1952, was particularly significant.

This book accompanying the exhibition begins with an essay in which Helena Kåberg writes about the American public being introduced to modern Swedish applied arts in 1927. The *Swedish Contemporary Decorative Arts* touring exhibition, curated by the Swedish Society of Crafts and Design, not only showed Swedish design, it also used the opportunity to introduce the society's progressive reform ideas. From an official point of view, the exhibition was an important opportunity for public diplomacy, but the American museums that hosted the exhibition also had their own agenda. For them it was important to inspire and develop the modernisation of domestic applied arts.

In 1927 the Cranbrook Academy of Art was founded, employing many Scandinavian art and design tutors. It would have a particularly strong impact on American design. In their contribution to this book, Bobbye Tigerman and Monica Obniski describe the school's educational and residency programmes, which were not based on formal teaching, but on the students spending all their time in their studios, learning from each other and from practising designers who functioned as mentors – a method that promoted self-confidence and collaboration.

Jørn Guldberg recounts the story of the successful *Design in Scandinavia* exhibition, which toured the US between 1954 and 1957. It was organized by the Nordic craft and design organisations and had similar goals to those of the Swedish tour in the 1920s. There was, once again, an American agenda, and Guldberg discusses *House Beautiful* magazine's influential editor Elizabeth Gordon's contribution. During World War II, when the property market and domestic consumption stalled, Gordon's articles focused on planning ahead and dreaming of the ideal post-war American home. She saw herself as a truth-seeking educator, but employed politically charged Cold War rhetoric and had very clear ambitions as a tastemaker. For her it was important to establish a modern American style in which architecture and design were expressions of a national identity, individualism and democracy. She was genuinely interested in Nordic design, but she also used it strategically as an attractive alternative to the tendencies towards totalitarian thinking that she perceived to be part of European Modernism, which, according to her, threatened to gain a foothold in the US.

Maija Koskinen shifts perspective, describing how the US used touring exhibitions of American design as a form of public diplomacy in the post-war period. For example, at the end of World War II, for example, several Nordic countries hosted *America Builds*, an exhibition organized by the Office of War Information and the Museum of Modern Art in New York (MoMA). Maija Koskinen focuses on the *American Design* touring exhibition, created by the US Information Agency and MoMA, and reveals how the diplomatic intent behind this exhibition and others like it was to disseminate American values during the Cold War.

Denise Hagströmer's essay discusses the interiors of the UN Security Council Chamber and those of the new embassies in the Nordic capitals, which were part of a concurrent US embassy programme; spaces that illustrate the intimate relationship between design, architecture and diplomacy.

At the same time, films, music, cars, fashion and other consumer goods were being exported from America to Europe. Private individuals also contributed towards the spreading of alternatives to MoMA's design ideals, and Siv Ringdal describes how in the 1950s Norwegian migrants returned to Norway with shipping containers filled with American household goods, including kitchen furniture and chrome-plated appliances.

These often rather anonymous lifestyle products, since then christened *Populuxe*, were an expression of the exuberance and excess in contemporary American mass culture.

The 1960s brought major political and economic change, which naturally affected the exchange of ideas of those who worked with and consumed art and design. Patrik Steorn describes how the world of fashion became increasingly polycentric and how interest in discovering new movements led to the Nordic countries becoming known for clothing that balanced everyday simplicity with colourful design.

In his essay on American-Scandinavian craft exchange, Glenn Adamson observes that "in the 1950s, Scandinavia seemed an ideal, even utopian, context for artisanal production. The region had perfected a symbiosis between the craftsperson and industry". But, as he points out, "by the 1960s, the tables had turned". Americans, particularly in California, "were pioneering a new, experimental and thoroughly individualistic approach to craft" and Scandinavians turned to the US for inspiration. Adamson traces how this mutual influence and cross-fertilisation occurred.

Turning to the neighbouring fields of art and visual culture, Lars Bang Larsen's essay reveals how "the Vietnam War was a decisive factor in making many people in the West – including artists – turn politically against the United States for the first time since the Second World War". At the same time, artists were also inspired by counter-cultural politics, popular culture and new technology in America. In this way, as we shall see, the Scandinavian artistic dialogue with the US reveals a highly ambivalent relationship.

In this book's final chapter, Kjetil Fallan sheds new light on what he calls a "social turn" in Scandinavian design history that prevailed between the mid-1960s and the early 1980s, a period when social awareness, global preoccupations and ecological concerns took centre stage. While design developments in Scandinavia and the US differed in this period, Fallan traces significant transatlantic interrelations.

This book and the exhibition it accompanies tend to favour events and developments relating to Sweden and Norway, reflecting the fact that the exhibition's audiences are in Stockholm and Oslo.

Scandinavian Design & USA represents design movements and phenomena currently being rediscovered by curators and historians on both sides of the Atlantic, who, it is to be hoped, will continue the reassessment of Scandinavian design and its interrelations with the US.

DENISE HAGSTRÖMER AND HELENA KÅBERG

1   Graham C. Boettcher, "Dragons in America", in *Scandinavian Design and the United States 1890–1980* (exh. cat.), Los Angeles County Museum of Art and Milwaukee Art Museum, Munich, London and New York 2020, pp. 81–91.

1 Public Diplomacy and Swedish Design at Exhibitions in 1920s USA

HELENA KÅBERG

SEVERAL LEADING AMERICAN art museums exhibit and acquire modern Swedish design in the 1920s.[1] What is often described as a breakthrough for Swedish design in the USA, however, was the result of multiple layers of important connections not only linked to aesthetics and design reform, but also to trade and politics. The attention that Swedish glass garnered at the international exhibition for modern decorative and industrial art in Paris in 1925 paved the way, but it was also important that American and Swedish agendas aligned in a number of other issues. The lessons that the US delegates learnt at the exhibition in Paris can be used to illustrate the American agenda. The travelling exhibition of Swedish contemporary decorative arts , which started in New York in 1927, speaks of common Swedish-American aims, but also of a tour that was , from the Swedish perspective, a matter of public diplomacy.

USA AND THE 1925 PARIS EXHIBITION

The exhibition *L'Exposition Internationale des Arts Décoratifs et Industriels Modernes* focused on the applied arts. The exhibitors were requested to only show work produced in a modern spirit and objects in more historical styles were not welcome. The producers were also asked to name and highlight the artists and designers.

The largest area was allocated to France, but generous space was also reserved for Great Britain, Italy, Belgium, and the USA, which had been France's foremost allies in the First World War. The USA declined the invitation, however, since an internal assessment concluded that the American applied arts did not have enough attractive modern design. Instead, the US Secretary of Commerce sent a commission to visit the Paris exhibition and, with the help of 180 American specialists and delegates from different national trade associations, report back on their impressions that could benefit the development of the industry back home.[2]

The commission's report concluded that the USA should have participated after all, to show goodwill and as thanks to France for participating in the 1914 Panama-Pacific exposition in San Francisco despite the fact that the German army was marching on Paris at the time. It also concluded that, in order to stand up to international competition, the USA had to develop products adapted to modern life and the needs of the broader market. The American decorative arts industry had the capacity to mass produce and mass distribute but, according to the commission, there was a resistance to new ideas. The industry continued in its old, conservative rut, hoping that was the way to guaranteed profitability. As opposed to Europe, the US industry lacked artistic

directors and designers with artistic training who pushed for progress. There was also a dearth of higher design education with practicing lecturers who were leaders in their field. Furthermore, there was a need for lobby organisations and exhibition practices that conveyed knowledge and provided inspiration.

In order to spread this message and show some good examples, the American Association of Museums organised a travelling exhibition with 398 hand-picked objects that had been shown in Paris. The exhibition opened in Boston in 1926 and was subsequently shown in New York, Philadelphia, Cleveland, Detroit, Chicago, St. Louis and Minneapolis. All the objects in the exhibition were for sale.[3]

French objects dominated the exhibition, but there was also some Swedish and Danish design. Sweden was represented by engraved Orrefors glass, as well as weaves and carpets by Märta Måås-Fjetterström, Annie Frykholm for Thyra Grafström's textile shop, Carin Wästberg for the Friends of Handicraft Association and Eva Nilsson for the Malmöhus Handicraft Association. The Danish contributions were silver by Georg Jensen and ceramics by Bing & Gröndahl, Den Kongelige Porcelainsfabrik (Royal Copenhagen) and Kähler. Positive reviews remarked primarily on innovative techniques and decorative effects, as well as simple, elegant lines without references to historical forms.

SWEDISH DESIGN SHOWN IN THE USA

The conclusions of the American commission came as no surprise. There had been an ongoing debate for quite some time discussing how the applied arts could be reformed. The Newark Museum had already exhibited industrial arts in the 1910s, and in 1917 the Metropolitan Museum of Art in New York started producing annual exhibitions meant to inspire renewal.[4] Historical styles dominated, but from 1922 onwards the influential curator of the Decorative Arts department, Joseph Breck, who was also the assistant director of the museum, started acquiring and showing more modern design from France and Denmark, amongst others.[5] The touring exhibition in 1926 shook things up and in 1927 the annual American exhibition of decorative arts was replaced with *The exhibition of Swedish Contemporary Decorative Arts* showcasing modern Swedish design. The Swedish objects had also been shown in Paris in 1925 and, just like in Paris, the chairman of the Swedish arts and crafts society, Gregor Paulsson, acted as curator with Carl Bergsten as the exhibition architect. This was the first exhibition in the USA to be dedicated solely to the decorative arts of a single country and the visitors were provided with an immersive

Swedish experience. Swedish design gave some perspective on the American industry and had an impact on public opinion, if only in a limited circle. The presentation conveyed progressive ideas about what an important role designers could play in the industry and propagated for social aims like "beauty for all" and "better things for everyday life".[6] Breck also stated that the design was rooted in a vigorous folk art tradition and French seventeenth-century aesthetics, which were here transformed into classic simplicity marked by a "discipline of self-restraint", elegance and refinement – an assessment of Swedish design that is still stressed in different ways to this day.[7]

The Swedish arts and crafts society and its members naturally wanted to spread these reform ideas, for both commercial and ideological reasons. It was an honour to be invited to exhibit at one of the world's leading art museums and from an official Swedish perspective the exhibition was an important opportunity for public diplomacy where knowledge of Sweden could be improved and bonds of friendship formed.

The Sweden-America Foundation was formed in 1919 with the purpose of strengthening cultural and scientific relations between Sweden and the USA.[8] The Swedish politics of neutrality during the First World War had damaged Sweden's reputation in the USA. Thus, the Ministry of Foreign Affairs and the Sweden-America Foundation together established the American-Swedish News Exchange in New York with the goal of spreading knowledge and understanding of Sweden.[9] A Swedish exhibition was completely aligned with these ambitions. The story goes that the idea was hatched during the Paris exposition and presented to the Swedish crown prince Gustaf Adolf – who was very interested in arts and crafts, as well as being an amateur archaeologist and collector of Chinese porcelain – when he visited the Metropolitan Museum in 1926. The project was also actively supported by the Swedish envoy Wollmar Boström and the Consul General in New York, Olof H. Lamm. Prince Eugen was also included in the royal exhibition committee, as well as Herman Lagercrantz, the former Swedish envoy to the USA, and Josef Sachs, the director of the luxury department store Nordiska Kompaniet.

Joseph Breck stated in *The Metropolitan Museum of Art Bulletin* that the exhibition provided knowledge of Swedish art and culture and fostered a better understanding between the countries. It enjoyed royal patronage, but despite his evident scepticism of the antiquated monarchical order, Breck welcomed the exhibition to the democratic USA. He even stressed that the exhibition was, in fact, rooted in democracy since among the many beautiful pieces you could find both high-quality objects and objects that did not cost so much and thus appealed to "the taste and needs of the middle class".[10]

The exhibition moved on to Chicago and ended its tour in Detroit.[11] As mentioned above, the objects were all for sale and one of the buyers was George Booth, who founded the Cranbrook Academy of Art that same year. Booth bought an urn by Wilhelm Kåge from the Gustavsberg porcelain factory, a vase by the ceramics manufacturer Bobergs fajansfabrik, a stool by Carl Hörvik, a chest with intarsia décor by Carl Malmsten, a Diana urn by Ivar Jonsson from the foundry Näfveqvarns bruk, as well as a light fitting in engraved glass from Orrefors.[12] Ceiling fittings from Orrefors were later also used in the large dining hall at Cranbrook Academy of Art.

1   Derek E. Ostergard, "Modern Swedish Glass in America 1924–1939", in *The Brilliance of Swedish Glass 1918–1939: An Alliance of Art and Industry,* The Bard Graduate Center for Studies in the Decorative Arts, New York, New Haven and London 1996, pp. 140–145.

2   *Report of Commission appointed by the Secretary of Commerce to visit and report upon the International Exposition of Modern Decorative Art in Paris 1925,* New York 1926. *Utställning av amerikansk konstslöjd,* Sweden-America Foundation, Stockholm; The Danish Museum of Decorative Arts, Copenhagen; Röhsska Museum of Design and Craft, Gothenburg 1930.

3   *A Selected Collection of Objects from the International Exposition of Modern Decorative and Industrial Art at Paris 1925* (exh. cat.), American Association of Museums, Washington D.C. 1925; Joseph Breck, "Modern Decorative Arts: A Loan Exhibition", in *The Metropolitan Museum of Art Bulletin,* 1926, vol. 21, no. 2, pp. 36–37; Joseph Breck, "The Current Exhibition of Modern Decorative Arts", in *The Metropolitan Museum of Art Bulletin,* 1926, vol. 21, no. 3, pp. 66–68; Marilyn F. Friedman, "The United States and the 1925 Paris Exposition: Opportunity Lost and Found", in *Studies in the Decorative Arts,* 2005–2006, vol. 13, no. 1, p. 94.

4   Christine Wallace Laidlaw, "The Metropolitan Museum of Art and Modern Design: 1917–1929", in *The Journal of Decorative and Propaganda Arts,* 1988, vol. 8, p. 83; Ezra Shales, *Made in Newark. Cultivating Industrial Arts and Civic Identity in the Progressive Era,* New Brunswick and London 2010, pp. 13–18.

5   Joseph Breck, "Modern Decorative Arts", in *The Metropolitan Museum of Art Bulletin,* 1923, vol. 28, no. 11, pp. 244–246; Laidlaw 1988, pp. 93–94.

6   Helena Kåberg, "An introduction to Gregor Paulsson's Better Things for Everyday Life", in *Modern Swedish Design: Three Founding Texts,* The Museum of Modern Art, New York 2008, pp. 59, 69.

7   Joseph Breck, "Swedish Contemporary Decorative Arts", in *The Metropolitan Museum of Art Bulletin,* 1923, vol. 22, no. 1, pp. 1–4; "The Swedish Exhibition", in *The Metropolitan Museum of Art Bulletin,* 1927, vol. 22, no. 2, pp. 41–42; Gregor Paulsson, "The Artist and the Industrial Arts", in *The Metropolitan Museum of Art Bulletin,* 1927, vol. 22, no. 2, pp. 42–44; Gregor Paulsson, *Swedish Contemporary Decorative Arts,* Industrial Arts Monograph No. 2, The Metropolitan Museum of Arts, New York 1927; Louise Avery, "Modern Swedish Glass", in *The Metropolitan Museum of Art Bulletin,* 1927, vol. 22, no. 8, pp. 212–215.

8   Dag Blanck, "Sverige-Amerika Stiftelsen 100 år", in *Sverige-Amerika Stiftelsen 100 år: 1919–2019,* Stockholm 2018, p. 8.

9   Blanck, 2018, p. 14.

10 Breck, 1927, pp. 4, 41.

11 *Exhibition of Swedish Contemporary Art* (exh. cat.), Art Institute of Chicago, Chicago 1927.

12 Cranbrook Archives, Box 23, Folder 14, Art Collection, Purchase Records, Swedish Association of Arts and Crafts, 1927.

2 Cranbrook Academy of Art
A Crossroads of Scandinavian Design in the United States

BOBBYE TIGERMAN AND MONICA OBNISKI

THROUGHOUT THE TWENTIETH century, Scandinavian designers and craftspeople taught in American schools where they guided the careers of their students, but there was one institution that had a particularly large number of Scandinavian teachers and an outsize impact on American design – Cranbrook Academy of Art. Located in Bloomfield Hills, Michigan (near Detroit), Cranbrook was founded in 1927 by newspaper publisher and arts patron George G. Booth and his wife, philanthropist Ellen Scripps Booth. Its faculty included many leading Nordic artists, architects, designers and craftspeople who attracted promising American students. As a proving ground for the most important American designers of the twentieth century, Cranbrook profoundly influenced how Scandinavian design would shape American design.

In 1924, the Booths invited Finnish architect Eliel Saarinen to propose architectural plans for the Cranbrook campus, and to advise on the new school's pedagogy.[1] Saarinen ultimately designed several buildings, including Cranbrook School for Boys, Kingswood School for Girls, Cranbrook Institute of Science, Cranbrook Art Museum, and homes for his own family and the Swedish sculptor Carl Milles, whom Saarinen recruited as the Academy's sculpture instructor in 1931. Many of these buildings appear in the *Cranbrook Map* hanging, woven in the studio of his wife, Loja, in 1935. The hanging depicts not only existing buildings, but also Saarinen's aspirations for the campus's future growth. Cranbrook's role as a node of Scandinavian-influenced design education is largely due to Saarinen's extensive network of Nordic designers and craftspeople and his ability to attract them to the institution. Furthermore, the Cranbrook experience fostered a close-knit community that members maintained after they had left.

The school's pedagogy was unique as well. The Booths envisioned the school as the premier American institution for art and craft education, loosely based on the American Academy in Rome in its structure as a residency program. There were no formal classes. Instead, students were expected to spend all of their time in the studio, where they developed relationships with their instructors and learned from each other. This approach fostered both self-reliance and collaboration.

One of the earliest instructors at Cranbrook, Carl Milles taught, created sculptures for the campus and took on external commissions. Booth, having acquired Swedish objects from the 1927 travelling exhibition *Exhibition of Swedish Contemporary Decorative Arts*[2] and Chicago's Swedish Arts and Crafts Company – such as Milles' *Sunglitter* – was also involved in bringing Milles to campus.[3] The Swedish sculptor would acquire a degree of recognition in America (including features in *Vogue* and *Life* magazines), garnering commissions in several US cities. Enamoured with American culture, Milles believed that he too could learn from Americans, noting "they are very imaginative, and their kindness and generosity are tremendous".[4]

In 1938, Saarinen hired the Finnish ceramist Maija Grotell to head Cranbrook's ceramics department, where she taught until 1966.[5] When Grotell arrived at Cranbrook, ceramics classes were largely for recreational potters, but after the Second World War, she developed a degree programme that produced many professional ceramists and teachers.

The year before hiring Grotell, Saarinen invited Finnish textile designer Marianne Strengell to teach weaving, and she became the head of that department in 1942.[6] Strengell gradually updated the largely handweaving-based curriculum by adding instruction in power loom weaving and textile printing. Strengell's interest in new techniques and synthetic materials reflected the focus of her own professional work, which emphasised collaborations with industry and architectural firms. Her students acknowledged that the example she set – both her single-minded devotion to her career and the professional relationships she forged with industry – shaped their own professional aims and encouraged them to envision careers beyond traditional expectations. Strengell's students pursued careers in vastly divergent areas of the textile field, from one-of-a-kind sculptural hangings by Alice Kagawa Parrott and Ed Rossbach to the textile production empire built by Jack Lenor Larsen.

Besides teaching, Nordic craftspeople worked in various capacities at Cranbrook. Arriving by 1930, Swedish cabinet-maker Tor Berglund (who trained with Carl Malmsten) contributed designs across the campus from his woodworking studio, including Eliel Saarinen – designed furniture.[7] Loja Saarinen employed Swedish weavers in her studio, including Lillian Holm and Ruth Ingvarson, who are believed to have woven the *Cranbrook Map*.[8] Norwegian master stonemasons were also employed in building Kingswood School.[9]

Cranbrook alumni from the 1940s and 1950s rivalled their teachers in the extent of their influence on modern American design and became leaders in their respective fields, including such prominent figures as Benjamin Baldwin, Harry Bertoia, Charles Eames, Ray Eames, Florence Knoll, Ralph Rapson and Harry Weese. While Charles Eames was still a student at Cranbrook, he and Eero Saarinen collaborated on a suite of furniture for the Museum of Modern Art's 1940 *Organic Design in Home Furnishings* competition. The plastic chair foretold the future of mass-produced seating. Architect Ralph Rapson, who learned the value of collaborating with Saarinen and others at Cranbrook, translated these skills when the US State Department hired him to design several American embassies, including those in Copenhagen and Stockholm.

Kingswood School's most distinguished alumna was 1936 graduate Florence Knoll (née Schust). Orphaned before she arrived at Cranbrook, she became close with the entire Saarinen family, even spending vacations with them in Finland. She met German furniture entrepreneur Hans Knoll in New York in 1943, and together they built the firm Knoll Associates, Inc. Florence Knoll led one of its divisions, the Knoll Planning Unit, a design consultancy responsible for several modernist corporate interiors.[10] She often used the technique of the paste-up, adhering fabric swatches and wood chips to a miniature aerial plan of the space to convey the impression of the fully furnished room. Knoll learned this technique from Loja Saarinen in 1935, when Saarinen gave Knoll the paste-up of a dress design as a Christmas present, and the fully realised dress shortly after. Exemplifying how the Cranbrook network functioned beyond Michigan, Knoll commissioned many designers she knew from Cranbrook to create furniture and textiles for the Knoll line, including Harry Bertoia, Ralph Rapson, Eero Saarinen and Marianne Strengell.

Cranbrook not only attracted influential permanent faculty and staff, but an array of significant architects as visiting lecturers. Compatriot Alvar Aalto travelled to Cranbrook three times, twice for personal visits to Saarinen and once in 1940, when he lectured publicly.[11] In 1946, Eliel Saarinen even invited Aalto to join his architectural office at Cranbrook, but Aalto declined, choosing to remain in Finland. Several other significant architects visited Cranbrook during its early years, including Frank Lloyd Wright, who delivered lectures in 1935, 1937 and 1945 (Fig. 5).[12] On the occasion of Le Corbusier's visit to Detroit in 1935, Cranbrook arranged a small exhibition of the French architect's work and hosted a well-attended lecture, demonstrating the school's importance as a host for internationally known architects.[13]

As a site of education and interaction, Cranbrook was notable because of its architecturally significant campus, unique pedagogy and renowned teaching staff, but the institution's importance cannot be circumscribed to these factors. Cranbrook's enduring legacy is its many talented students, the most important designers of the post – Second World War generation, including Charles and Ray Eames, Eero Saarinen and Florence Knoll.[14] By fostering this collaborative community, Cranbrook's network extended beyond Bloomfield Hills, as members of its ecosystem became figures in a global network that influenced the course of design history.

1   At that time, Saarinen was teaching at the University of Michigan's School of Architecture, where the Booths' son Henry was his student. Davira S. Taragin, "The History of the Cranbrook Community", in *Design in America: The Cranbrook Vision, 1925–1950* (exh. cat.), Robert Judson Clark and Andrea P. A. Belloli (eds.), Detroit Institute of Arts and the Metropolitan Museum of Art, New York 1983, pp. 34–45.
2   Letter from John Sjunneson to George Booth, 4 November 1927, Box 23, Folder 14, Art Collection, Purchase Records, Swedish Association of Arts and Crafts, 1927, Cranbrook Foundation Papers.
3   Tage Palm, who helmed the Swedish Arts and Crafts Company, helped to negotiate Milles's position. See 20 February 1930, agreement, Box 24, Folder 16, Correspondence, Carl Milles, 1929–1930, Cranbrook Foundation Papers.
4   "Milles Will Become an American Citizen", *New York Times,* 28 Jan 1932, p. 2.
5   Martin Eidelberg, "Ceramics", in Clark and Belloli, *Design in America,* pp. 221–22; *Maija Grotell* (exh. cat.), Cranbrook Academy of Art, Bloomfield Hills, MI, 1967.
6   Ann Marguerite Tartsinis, "Marianne Strengell", in *Knoll Textiles, 1945–2010* (exh. cat.), Earl James Martin (ed.), Bard Graduate Center, New Haven 2011, pp. 381–83.
7   Tage Palm assisted with Berglund's passport from the American Consulate General in Stockholm. Letter from Tage Palm to George Booth, 23 October 1929, Box 23, Folder 13, Art Collection, Purchase Records, Swedish Arts and Crafts Company, 1928–1929, Cranbrook Foundation Papers.
8   Leena Svinhufvud, "The Cranbrook Map: Locating Meanings in Textile Art", in *Imagining Spaces and Places,* Saija Isomaa et al. (eds.), Newcastle upon Tyne 2013, pp. 199–225.
9   The Norwegians oversaw the American bricklayers. Elizabeth C. Clark, *Beside a Lake: A History of Kingswood School Cranbrook,* Bloomfield Hills, MI 2006. Our thanks to Kevin Adkisson for providing this reference. The lure of studying at Cranbrook extended to the Nordic countries, including Norway, as architect Are Westerlid studied there in 1952 and metalsmith Gudmund Elvestad received a Fulbright scholarship to study there in 1959–60.
10 Bobbye Tigerman, "'I Am Not a Decorator': Florence Knoll, the Knoll Planning Unit and the Making of the Modern Office", *Journal of Design History,* Spring 2007, vol. 20, no. 1, pp. 61–74.
11 "Chronology", in *Aalto and America,* Stanford Anderson, Gail Fenske and David Fixler (eds.), New Haven and London 2012, pp. vii–ix.
12 Kevin Adkisson, "Cranbrook and Frank Lloyd Wright", October 2017, https://center. cranbrook.edu/frank-lloyd-wright-smith-house-cranbrook-and-frank-lloyd-wright (accessed 29 January 2021).
13 Kevin Adkisson, "Le Corbusier Comes to Cranbrook", Cranbrook Kitchen Sink, 22 January 2021, https://cranbrookkitchensink.wordpress.com/2021/01/22/le-corbusier-comes-to-cranbrook/ (accessed 29 January 2021).
14 Bobbye Tigerman and Monica Obniski, "Introduction", in *Scandinavian Design and the United States, 1890–1980* (exh.cat.), Bobbye Tigerman and Monica Obniski (eds.), Los Angeles County Museum of Art och Milwaukee Art Museum, Munich, New York and London 2020, p. 26, and Andrew Blauvelt and Cranbrook Academy of Art, *With Eyes Opened: Cranbrook Academy of Art Since 1932,* Cranbrook Art Museum, Bloomfield Hills, MI, 2020.

3   *The American Home* Exhibition in Helsinki 1953

MAIJA KOSKINEN

PLASTIC CHAIRS, SILVER JEWELLERY and hand-tufted rugs accompanied by floor waxes, vacuum cleaners and baby bottle warmers – the exhibition space was filled with hundreds of objects showing the latest developments in American domestic design and consumer goods. Organised in celebration of the Finnish-American Society's (FAS) [Finland-Amerika-föreningen, FAF] tenth anniversary, the exhibition *The American Home* at Kunsthalle Helsinki was composed of two parts. The first, *American Design for Home and Decorative Use,* presented examples of American high design and was commissioned by the newly established United States Information Agency (USIA).[1] The second, *Home Economics Display,* was initiated independently by the FAS. It showcased American domestic appliances which the Society had purchased and brought from the US for the exhibition. Together they offered an abundant presentation of the contemporary American home, interweaving design and consumer goods with politics.

AMERICAN DESIGN EMPOWERED BY MoMA

MoMA's touring exhibition *American Design for Home and Decorative Use* was a distinguished example of US Cold War cultural diplomacy propagating American values to the world. It began its tour in Helsinki and then travelled to Sweden, Norway, Denmark, Belgium and Italy where it ended in 1955.[2]

After the Second World War, the US presented itself as the champion of the free world and democracy. In connection to this, the US government began to promote the "American Way of Life" as part of its foreign politics.[3] With its international export of culture, the US wanted the world to see it as a creative nation whose culture was not just popular, consumeristic or superficial, but also novel and refined.[4] In the 1950s, the US officials began to celebrate American consumerism internationally as a proof of the country's cultural, political and economic superiority. The objective was to persuade the world of the benefits of the modern American way of life with high standards of living, and thus promote its political and economic system.[5] In this context, modernist design and democracy were seen as complementary ideologies. Exhibitions of American domestic design commissioned by various US government agencies conquered the trade fairs, Milan triennials and museums throughout Europe.[6]

When the USIA ordered a travelling exhibition of the best American design from MoMA, the influential industrial design curator Edgar Kaufmann Jr. took the opportunity to promote the feasibility and innovative use of materials and mass production of post-war American design to Northern Europeans.

The selected items in *The American Design for Home and Decorative Use* met the standards of high modernism promoted by MoMA. They were chosen to counter common perceptions of the US as a producer of cheap, low-quality consumer goods.[7] The exhibition was destined for countries whose design was esteemed as exemplary by American design circles and whose design was already known in the US.[8] From the point of view of MoMA and its campaign for good modern American design this meant above all a competitive challenge to Scandinavian high-standard design. Selling American design to Europeans seemed to be a secondary, if existing objective.[9]

The exhibition introduced over 300 American home furnishings and designed objects – chairs, tableware, lamps, textiles, glass, ceramics and jewellery – designed by renowned designers and Native Americans. The aestheticised objects were presented elegantly and spaciously as "high art". The layout was designed by Timo Sarpaneva (1926–2006), an emerging Finnish designer to whom MoMA had entrusted the task.[10] The objects presented the long history of American design, its connections to European traditions and its latest progress that differed from the old continent.[11] With the added push of Cold War politics, MoMA's exhibition sought to create a place for American design within the history of Western design.

AMERICAN DESIGN UNDER EVALUATION

American design had remained rather unknown in Finland,[12] and when reviewing MoMA's part of the exhibition the Finnish design critics encountered many novelties. In general, they found the exhibition stimulating and were impressed by the visual appeal and practicality of the objects. The American designers' individual talent combined with the technical handling of new materials in mass-produced furniture was praised. Architect Reima Pietilä highlighted Charles Eames's chair with a plastic seat as innovative and adventurous; the use of plastic, which enabled more design freedom, was a novelty in Finland, which had a strong wood tradition.[13] Design critic Annikki Toikka-Karvonen referred to Don Knorr's and Charles Eames's chairs as "sitting machines" with complicated legs and a non-cosy feel, but considered Eero Saarinen's plastic and foam rubber chair to be comfortable, simple and light.[14] The reviewers complimented plastic tableware as successful, but the lamps and textiles divided opinions. Silverware and jewellery were perceived to be excellent whereas glass and ceramics, the strong areas in Finnish design, were the least interesting. Toikka-Karvonen also remarked on the big differences between poor Finland that still lived in a controlled economy, and the rich US.

However, as journalist Benedict Zilliacus pointed out, the items in MoMA's exhibition were not representative of the average American household.[15] Nevertheless, the interest of American designers in the needs of today instead of remaining bound to tradition as was the case in Finland, was praised by Eila Jokela, the Editor-in Chief of interior design magazine *Kaunis Koti*.[16] Toikka-Karvonen hoped that Finnish designers and industry – while gaining international recognition – would put more effort into mass-produced design for everyday use.[17]

INSPIRATION FOR HOMES AND INDUSTRY

In comparison to MoMA's version of American design directed at the elite, the more practical *Home Economics Display* was an unrestrained demonstration of the high standards of Western living. It was the part of *The American Home* exhibition that brought about a nationwide discussion about modernising homes and housekeeping and drew a record audience with 21,000 visitors in only nine days.[18] By showing over 1,000 examples of the latest novelties of American consumer goods and an American model home with a technically advanced kitchen, the FAF wanted to offer concrete ideas about how to increase living standards and stimulate both modern living and local industries.[19] These objectives matched the political ones formulated by the US State Department for Finland in 1952: to support Finns in raising their living standards and increase their understanding of the American way of life, while endorsing US politics.[20]

The American Home exhibition brought culture, industry, economics and politics together while advancing international friendship and understanding on both sides of the Atlantic. In the context of the cultural Cold War, it was an example of the means of soft power widely used by the US. Through cultural products such as design and consumer goods the exhibition influenced public opinion and the image of the US in Finland. As the US Envoy Jack McFall emphasised at the opening of the exhibition: "A happy and harmonised home is a basis for a democratic society".[21] With this he meant that the American home with its high standard of living is a product of democracy and the market economy – and for Finland in its struggle towards a welfare state it pays to be on the side of the West.

1 Nicholas J. Cull, *The Cold War and the United States Information Agency, American Propaganda and Public Diplomacy, 1945–1989*, New York 2008. *American Design for Home and Decorative Use* was the only part of the exhibition shown in Sweden and Norway.

2 Sweden: Röhsska museet, Gothenburg, Dec 1953–Jan 1954; Norway: Kunstnernes Hus, Oslo, Jan–Feb 1954; Permanenten Building, Bergen, Feb–March 1954; Permanenten Building, Stavanger, March–April 1954; Denmark: Kunstindustrimuseet, Copenhagen, June 1954; Aarhus City Hall, July 1954. "Internationally Circulating Exhibitions 1952–2004", MoMA archives, https://www.moma.org/momaorg/shared/pdfs/docs/learn/icelist.pdf, (accessed 8 March 2021).

3 Cull, 2008, pp. 81–104.

4 Richard H. Pells, *Not Like Us: How Europeans Have Loved, Hated, and Transformed American Culture Since World War II*, 1st ed., New York 1997, p. 82–86.

5 Mary Nolan, "Consuming America, Producing Gender", in *The American Century in Europe*, R. Laurence Moore and Maurizio Vaudagna (eds.), Ithaca, N.Y. 2003, p. 251; Gay McDonald, "The Modern American Home as Soft Power: Finland, MoMA and the 'American Home 1953 Exhibition'", in *The Journal of Design History*, 2010, no. 4, pp. 388, 392.

6 Greg Castillo, "Domesticity as a Weapon", in *Cold War on the Home Front: The Soft Power of Midcentury Design*, Minneapolis 2010, p. xx; Arthur J. Pulos, *The American Design Adventure, 1940–1975*, Cambridge, Massachusetts 1988, s. 242.

7 In the 1950s, Kaufmann focused on promoting the strength and viability of post-war American design abroad. He had curated the first government-sponsored exhibition of American design, *Design for Use, USA*, which toured in Stuttgart, London, Paris, Zürich and the Milan Triennale in 1951. McDonald, 2010, pp. 393–396.

8 Edgar Kaufmann Jr., "Taideteollisuuden asema nykypäivien Amerikassa" [Design in Present-day America], in *The American Home* (exh. cat.), Kunsthalle Helsinki 1953, pp. 5–8.

9 McDonald, 2010, pp. 393–396.

10 Maija Koskinen, *Taiteellisesti elvyttävää ja poliittisesti ajankohtaista, Helsingin Taidehallin näyttelyt 1928–1968*, [Artistically Invigorating and Politically Topical, The Exhibitions of Kunsthalle Helsinki 1928–1968], Doctoral dissertation, University of Helsinki, 2018, p. 297; McDonald, 2010, pp. 387, 396.

11 Kaufmann, 1953, pp. 5–8.

12 Before the 1950s the only exhibition of American design had been *Contemporary American Ceramics*, shown together with American book design in Kunsthalle Helsinki (1937). It hardly drew any attention despite its presentability. Koskinen, 2018, pp. 294, 300.

13 Reima Pietilä, "Amerikkalainen koti" [The American Home], in *Arkkitehti–Arkitekten*, 1953, no. 11, pp. 34–36.

14 Annikki Toikka-Karvonen, "Amerikkalaista taideteollisuutta" [American Design], in *Helsingin Sanomat*, 4 November 1953.

15 Benedict Zilliacus, "Voice of America", in *Hufvudstadsbladet*, 5 November 1953.

16 Eila Jokela, "Amerikkalainen koti ja me" [The American Home and Us], in *Kaunis Koti*, 1953, no. 4.

17 Annikki Toikka-Karvonen, "Amerikan uusinta taideteollisuutta" [The latest American industrial design], in *Viikkosanomat*, 29 October 1953.

18 Koskinen, 2018, p. 297.

19 The Annual Report of FAS 1953, Archive of the Finnish-American Society, the National Archive of Finland.

20 Koskinen, 2018, p. 267; USIE Country Plan Finland, 6 March 1952, USIA, Record Group 306, the National Archives and Records Administration (NARA) Washington D.C.

21 "Taidehalli koki eilen ainoalaatuisen yleisömenestyksen, 'Amerikkalainen koti 1953'-näyttely avattiin", [Kunsthalle Helsinki had a unique success yesterday, 'The American Home 1953' opened], in *Helsingin Sanomat*, 1 November 1953.

4   Scandinavian Design as Exhibition
The travelling exhibition *Design in Scandinavia*, 1954–57

JØRN GULDBERG

IN A LETTER OF FEBRUARY 1952 to Leslie Cheek (Director of the Virginia Museum of Fine Arts), Elizabeth Gordon, Editor-in-Chief of the US interior decoration magazine *House Beautiful* wrote: "I am more than ever convinced that the Scandinavian contribution to [the design of] our times is THE contribution of this era – and that something should be done to dramatize its position in the world today."[1]

The letter to Cheek, which reflects Gordon's eagerness to introduce Scandinavian design to the American public, is one of several follow-ups on the initiative she had taken a few months earlier. In October 1951, she had approached Cheek, urging him to organise a travelling exhibition of Scandinavian design in the United States. The exhibition was realised under the title *Design in Scandinavia (DiS)*, and the Virginia Museum of Fine Arts was the exhibition's first venue. It was a success, not only for all the 24 museums and galleries that presented the exhibition, but also ultimately for Scandinavian design.

This article looks at *DiS* and its importance vis-à-vis establishing the concept of Scandinavian Design. The fact that the exhibition came about at all was purely down to Gordon's insistence on the relevance of Scandinavian design to Americans and the rest of the world. The understanding and appreciation, which resulted in the concept of Scandinavian Design, feature in the text that Gotthard Johansson, the then Managing Director of Svenska Slöjdföreningen (The Swedish arts and crafts society), wrote for the catalogue. So what were Gordon's motives, and what did Johansson emphasise in his presentation of Scandinavian design? What did he highlight as the special features of Scandinavian design? As will become clear, both Gordon and Johansson painted a highly idealised and simplified picture of Scandinavian design, meaning that the concept of Scandinavian Design is very much a construct.

Gordon and Cheek were the main US players in the initial phase, while initially, and somewhat coincidentally, Elias Svedberg, a furniture designer at Nordiska Kompaniet in Stockholm, and Hans O. Gummerus, Press Officer of the Arabia/Wärtsila group in Helsinki, represented the Scandinavian interests. The first spontaneous idea for an exhibition of Scandinavian design in the United States cropped up during a dinner party in Gordon's home, at which Svedberg and Gummerus were present. Gordon then contacted Leslie Cheek, who for a short period had been Architecture Editor of *House Beautiful*. She justified her approach by referring to the fact that, as a state museum, the VMFA had extensive experience in organising travelling exhibitions around Virginia. Following various exchanges between the United States and the Scandinavian countries, a number of transatlantic hurdles and a formal invitation from Cheek in August 1952, in October that same year

a Scandinavian Exhibition Committee was set up with representatives from the professional associations of each of the four countries. The Managing Director of Svenska Slöjdföreningen, Åke H. Huldt was appointed commissioner of the exhibition. After 15 months of preparation, the exhibition opened on 15 January 1954 in Richmond, thereby introducing 240 designers and about 150 manufacturers to the American public.[2]

There is no doubt that Elizabeth Gordon's dedication to Scandinavian design was genuine. During a visit to the Triennale in 1951, she was particularly excited by Finnish and Swedish design, and in the January 1952 issue of *House Beautiful,* she singled out a distinctive, lancet-shaped wooden platter by Tapio Wirkkala, not merely as the highlight of the Triennale, but also as "the most beautiful object of 1951".[3] Gordon's interest in Scandinavian design was also kindled during a period when her editorials in *House Beautiful* attempted to promote an American version of modern design, while also expressing growing criticism of European Modernism (Bauhaus, Le Corbusier, De Stijl etc.).

For example, in the May 1950 issue of *House Beautiful*, Gordon published a number of articles in which she first advocates the promotion of a design culture consistent with what she perceives as a distinctive American "way of life".[4] In a subsequent article, she then lists features of US style. What is interesting is that Gordon did not pinpoint a particular idiom or any specific formal characteristics, instead describing what one might call a particular design strategy or design philosophy. Her criticism of European Modernism is similarly general. In the April 1953 issue, she accuses European Modernism of being directly harmful and hostile and of a proclivity for totalitarianism. She called it "the cult of austerity", exemplified by the work of the architects Mies van der Rohe and Le Corbusier. In Gordon's opinion, the opposite to this is "democratic humanism".[5]

We must regard her initiative and interventions in the context of *DiS* as a reflection of her belief in Scandinavian design as a serious alternative. In this view she was not alone. Until the 1950s, concepts such as Swedish Modern, Danish Design etc. served as generic designations for a design tradition that was contemporary and modern, but 'not Bauhaus style'. Edgar Kaufmann, the head of the design department at the Museum of Modern Art, made this clear in his review of the exhibition.[6]

In his catalogue text, Johansson states that the Scandinavian countries constitute a geographical, regional, cultural and political entity. The nations may be independent, but they share a democratic outlook. According to Johansson, the exhibition sets out to document both the values of design culture that connect the countries, and the typical national traits that in turn refer to geographical differences and historical traditions of self-sufficiency. On the whole, he takes great pains to emphasise the importance of tradition for today's preferences in terms of materials, shapes and aesthetics. Thus, contemporary design culture does not represent a break with the past. The forms do not look alien.

Key to Johansson's characterisation of the special nature of Scandinavian design culture is the tradition of caring about everyday life and everyday objects, the home and its function and furnishings, and the everyday lives and challenges of ordinary people, which is also stressed in the exhibition's subtitle: 'An Exhibition of Objects for the Home'.[7] According to Johansson, this attitude is rooted in a fundamentally democratic outlook, combined with a developed social consciousness, also reflected in a general aspiration to achieve a higher standard of living. Therefore, there is also a tradition of focusing on the inherent material and functional qualities of individual everyday things, rather than on what is extravagant and fashionable. Finally, Johansson emphasises that, in general, all utility objects feature high quality. The quality of mass-produced functional ceramics is on a par with ceramics created in studios, and just as much care goes into the design of ordinary consumer items as into the design of elite utility items.

According to Johansson, there are two crucial reasons for the special status of Scandinavian design culture. One is the close exchange between designer, producer and consumer. The second is the fact that designers in all four Nordic countries have been organised in efficient, influential professional associations far longer than anywhere else.

Design in Scandinavia was a great success in several ways. As well as instituting the concept of 'Scandinavian Design', the exhibition also resulted in a significant increase in exports: especially for Denmark and Sweden. The success was also reflected in the fact that, at 20 of the venues where it was presented, the exhibition set a new record for the number of visitors to a temporary exhibition.

1 Gordon to Cheek, 12 February 1952, Library of Virginia, Richmond, Archive of the Virginia Museum of Fine Arts, Directors Correspondence 1953–1977, Folder Design in Scandinavia.

2 For an account of the preparation and structure of the exhibition and Americans' opinions of the exhibition and Scandinavian design, see: Jørn Guldberg, "'Scandinavian Design' as Discourse", *Design Issues,* 2011, vol. 27, no. 2, pp. 41ff.

3 "The most beautiful object of 1951", *House Beautiful,* January 1952, pp. 66–67. A similar dish was used as a logo for the *Design in Scandinavia* exhibition.

4 "The new American style grew from America's way of life", *House Beautiful,* May 1950, p. 123.

5 "The threat to the next America", *House Beautiful,* April 1953, p. 126.

6 Edgar Kaufmann, "Scandinavian Design in the U.S.A.", *Interiors,* May 1954, p. 108.

7 Johansson merely states that the interest in everyday life became a programme "already many years ago", and what he thinks about are the programmatic exhibitions in the years around 1920: primarily at Svenska Slöjdföreningen's *Hemutställningen* in Liljevalchs konsthall in Stockholm in 1917; the *Nye Hjem* exhibition in Oslo in 1920; and a couple of similarly educational, but half-hearted, Danish exhibitions in the first half of the 1920s. Gregor Paulsson's 'propaganda' text, *Vackrare Vardagsvara* [More Beautiful Everyday Things] (1919) also belongs here. Johansson refers to the title as a collective term for the Scandinavian approach to design.

5 Design and Diplomacy
Scandinavian-US interiors of the 1950s

DENISE HAGSTRÖMER

NORWAY'S RECENT CAMPAIGN for membership of the UN Security Council was centred around a heart design used in the council chamber textiles – Foreign Minister Ine Marie Eriksen Søreide has even appeared in a skirt made from the same fabric.[1] The chamber itself dates from 1952 and communicates a vision of Norwegian design tradition. From this use of Scandinavian design culture in the US, this essay will proceed to the American espousal of modernity in the new embassies of Stockholm and Oslo. The Security Council Chamber and embassy spaces share a common function: international diplomacy, and in them design is used strategically. While the environments may have been modern, historical continuity still obtained in all of them.

The UN's first Secretary General, Norwegian Trygve Lie, played a key role in Norway being invited to design the Security Council Chamber interior. This was followed by invitations from Lie and the head of the UN planning office, architect Wallace K. Harrison, to Denmark (who chose Finn Juhl) and Sweden (who chose Sven Markelius) to design the Trusteeship Council and Economic and Social Council interiors respectively. The international reputation of Scandinavian Modernism and Sweden's role as "a socially pioneering nation" have been cited as reasons for these choices. The invitations are also testimony to Scandinavian-US relations.[2]

The Security Council Chamber is a meeting place for diplomats and heads of state to resolve crises and preserve world peace. It is an amphitheatre-like space set in a Modernist shell. After it was completed, architect Arnstein Arneberg described his brief as: "to execute a room of good, durable materials with character, in all simplicity, which not only represented a casual taste of today, but a character so neutral that it could withstand the test of time".[3] Whether seen from a distance or up close, this interior nonetheless makes a striking impact. The entrance through which this carefully composed setting is first seen has pale ash doors with an inlay of symbolic torches and swords in walnut and steel.

A large horseshoe-shaped table of American ash is the "arena's" focal design point. It soon became a widely recognised symbol of the Security Council. Its massive presence and inclusive arc convey both a sense of community and the weight of the decisions to be made around it. The arrangement of the ceiling lights overhead closes the circle, conveying unity. Around the table, armchairs of ash and mahogany, designed by Arneberg's assistant Finn Gösta Nilsson for Johan Fredrik Monrad, are upholstered in blue and yellow-striped wool to a design by Birgit Wessel for Vakre Hjem ('beautiful home').

Norwegian design tradition is displayed in the blue and gold wall covering and full-length curtains in synthetic silk sateen (rayon), designed by Else Poulsson for Johan Petersen Linvarefabrikk. The wall covering and curtains are decorated with symbols of faith, hope and charity, standing for the UN's ambitions. The curtains frame a mural by Erik Krohg depicting symbols of freedom, equality and brotherhood. The curtains are usually kept closed to avoid glare, concealing a view of the East River. As design historian Sarah Lichtman recently observed: "Poulsson's textiles define the interior and bestow a level of consistency, beauty and dignity to the space".[4] The delegates' stage is framed by marble cut from the Gjellebekk quarry, and the wall above the auditorium seating is covered with a woven design by Klare Schee, using oat straw from her ancestral farm in the village of Biri. From this meeting place of international politics, we turn to places where national politics become international, the common theme being the use of design in the service of diplomacy.

As the US' world role expanded after Second World War, so too did its need for office space in the rest of the world. This office building boom included quasi-public spaces such as libraries, auditoriums and galleries. Modern architecture and design were used as metaphors for democracy and openness at what was the height of the Cold War. The office buildings, or chanceries, in Stockholm, Copenhagen and Oslo were amongst the first post-war projects. These new US chanceries – the responsibility of the US State Department of Foreign Buildings Operations (FBO) – marked a significant change in practice, since prior to the 1950s, the ambassador's residence was the usual site of diplomatic activity. The new chanceries also hosted that activity.[5]

Ralph Rapson and John van der Meulen's International Style chancery for Stockholm used design to promote an image of accessibility and transparency. As well as offices for all the staff, it contained an auditorium, cafeteria and cultural, film and press offices of the US Information Service, with public access from the main lobby.

Architect Susanne Wasson-Tucker of the Knoll Associates Inc. Planning Unit oversaw and executed the interiors, collaborating with local architect Anders Tengbom. Wasson-Tucker would come to play a significant role in Scandinavian-US design relations. The interiors were to be produced in Sweden, and Wasson-Tucker gave the contract for their manufacture to the Nordiska Kompaniet producer and retailer, working to specifications from the US.[6]

After training as an architect in her home town Vienna, Wasson-Tucker's remarkable career in the US included being curator of industrial design at MoMA. In 1947 Wasson-Tucker joined the Planning Unit, one of the leading interior design companies in the US, as interior architect. As we shall see, her design of the US embassy interiors would confirm the alignment of official American design culture with the Modernist ideals of the "good design" movement she had promoted at MoMA and through the museum's touring exhibitions.[7]

This "glass palace" of "metallic glistening efficiency" exemplified a new visual language for the office, as conceived by Florence Knoll. Knoll, who was Director of the Planning Unit, favoured a "humanised" (as it was labelled then) corporate Modernism which became extremely influential.[8] Knoll, significantly, not only created new office furniture designs, but also incorporated iconic work by others, including earlier Modernists such as Mies van der Rohe, as well as her contemporaries, Eero Saarinen and Harry Bertoia.[9] It is worth noting that Rapson, Knoll, Saarinen and Bertoia had all been at Cranbrook as either staff or students.

The chancery's spare form and spatial articulations signalled American progressive modernity, but was criticised by art historian Ulf Hård af Segerstad for being "moral, on the verge of moralising".[10] Art critic Eva von Zweigbergk wrote: "Here and there a turquoise blue or lemon yellow wall, but generally it is battleship grey that reigns, with the odd coloured textile accent. [...] On the top floor, one allows oneself elephant grey wall-to-wall Axminster carpets, soft as moss, so that you sink into them up to your ankles. This is the only indulgence a Swede can discern, apart from some Danish armchairs in the ambassador's office."[11]

Now resident in Stockholm, Wasson-Tucker was commissioned by the FBO in 1958–59 to execute the interiors of the new embassy in Oslo designed by Eero Saarinen. While the Stockholm chancery had been criticised for its lack of sensitivity to its neighbours, for Oslo, Saarinen adapted the building to the local cityscape by matching its height to neighbouring rooflines. The official Oslo tourist guide ranked the new addition as one of the city's major attractions. Besides offices for all embassy staff, the Oslo chancery included a large USIS lending library, record listening room and an auditorium with a stage. It was furnished mainly with Knoll designs manufactured locally by Tannum, adding a Norwegian accent to a unified US design identity.[12]

However, as the innovative new US chanceries came into their own, using public diplomacy to promote an image of openness and collaboration with Swedish and Norwegian industry, in both cases the Ambassador's residence, the embassy's first home, retained its original and significant role in diplomacy. In Stockholm, the nearby Villa Åkerlund continued to be the Ambassador's residence. Designed by Knut Perno, this neoclassical-style mansion has been part of the US mission since 1933. At the Oslo chancery, Ambassador Willis's suite at the west end of the chancery's top floor was only ten minutes' walk

from Villa Otium, the palatial ambassador's residence designed by leading architect Henrik Bull in 1911. The US government bought it in 1923, adding a small office.

So, while Norwegians could listen to cool American jazz sitting in Eames chairs at the chancery, the residence's Parisian salon furniture continued, and continues, to provide a traditional setting for the exchange of ideas and information between them and their hosts. During the recent restoration of the Security Council Chamber, its users, the Security Council Secretariat and member states, told the restorers that Arneberg's unique and distinctive interior was not to be changed, and that it had taken on "a sacred, if not a sacrosanct" status,[13] thereby materialising the historical continuity and traditions of the Security Council's activities.

1 For the campaign's visual identity, see https://www.miksmaster.no/arbeider/fn-sikkerhetsrad

2 See *The Security Council Chamber,* Jørn Holme (ed.), Oslo 2018, pp. 30–31.

3 "An Unodious Comparison: The Three Council Chambers of the United Nations", in *Interiors,* July 1952, pp. 44–67, see also Nina Berre, "Arneberg on the International Stage", in Holme, 2018, p. 88.

4 Sarah A. Lichtman, "Uncovering Else Poulsson: Norwegian Textile Designer", in Holme, 2018, p. 143.

5 Jane C. Loeffler, "The American Ambassador's Residence in Oslo: A Short Diplomatic History", in *Villa Otium: A Diplomatic Home,* The US Embassy, Oslo 2012; see https://static1.squarespace.com/static/5f245f059205f5309eda13c7/t/5f3ad7f0b12c0 2433d1c0892/1597691889401/55-Villa-Otium.pdf. The American embassy in Copenhagen's local architect was Dane Erik Herløw.

6 Gunilla Lundahl, "Susanne W Tucker", in *Kvinnor som banade väg: Porträtt av arkitekter,* Gunilla Lundahl, (ed.), Byggforskningsrådet, Stockholm 1992, pp. 118–123.

7 *Modern Women: Women Artists at the Museum of Modern Art,* Cornelia Butler and Alexandra Schwartz (eds.), Museum of Modern Art, New York 2010, p. 286. The post-Second World War "good design" movement promoted a Modernist domestic ideal that was disseminated in the West via museums, media, design reform organisations and design education. See, for example, Penny Sparke, *An Introduction to Design and Culture 1900 to the Present* (3rd ed.), London 2013, pp. 80, 149.

8 Eva von Zweigbergk, "Amerikanska ambassaden i glänsande glaspalats", in *Dagens Nyheter,* 2 June 1954, p. 1.

9 Bobbye Tigerman, "'I'm not a Decorator': Florence Knoll, the Knoll Planning Unit and the Making of the Modern Office", in *Journal of Design History,* vol. 20, no. 1; see https://www.jstor.org/stable/4540337?seq=1

10 Ulf Hård af Segerstad, "Experiment med renhet", in *Svenska Dagbladet,* 2 June 1954, pp. 1, 6.

11 von Zweigbergk, "Amerikanska ambassaden i glänsande glaspalats", *Dagens Nyheter,* 2 June, p. 8.

12 Denise Hagströmer, "Strengthening Bonds: Eero Saarinen's U.S. Chancery in Oslo, 1955–59", in *Scandinavian Design and the United States, 1890–1980* (exh.cat.), Bobbye Tigerman and Monica Obniski (eds.), Los Angeles County Museum of Art and Milwaukee Art Museum, Munich, New York and London 2020, pp. 175–76.

13 Holme, 2018, p. 162.

6 A Chrome-Plated Dream of a Futuristic New Everyday Life

SIV RINGDAL

WHEN THE TRAVELLING EXHIBITION *Amerikansk form [American Design for Home and Decorative Use]* was showcased at the artist-run gallery Kunstnernes Hus in Oslo in 1954 the urban audience could admire superior contemporary American design, as well as arts and crafts. The Norwegian capital was one of several destinations, with the exhibition also touring to Sweden, Finland, Italy and Belgium. In the beautiful architectonic landmark from the 1930s, tables were laid with Eva Zeisel's organic dinnerware and Charles and Ray Eames's innovative *Plastic Side Chair* was on display. A reporter from the Oslo-based newspaper *Dagbladet* wrote enthusiastically about Russel Wright's soup bowl after a sneak peek at the exhibition the day before the opening: "how I wish we could say goodbye to the large soup bowls in this country too, where everything becomes cold."[1]

American mass culture was imported widely to Europe via films and music, as well as American products and goods. Many of these impulses were distributed by commercial interests, but some were brought from America to Europe through private initiatives.

At the same time as *Amerikansk form* opened in Oslo, American items and objects were showcased on the coast in the southern part of Norway. This was not part of an exhibition, nor related to a cultural institution. Instead, the American items could be experienced in private homes in the counties of Agder. Inside picturesque nineteenth-century houses or in newly built post-Second World War homes, a chrome-plated dream of a futuristic new everyday life was unfolding: American kitchen dinette sets with soft, colourful chairs and chrome-plated details. Modern refrigerators, blenders and other appliances. Pastel-coloured bathtubs, toilets in American designs, fluffy toilet seat covers and Cannon towels in matching colours.[2] An American car, maybe two-toned, with tailfin and comfortable seats parked outside. All these objects were materialisations of the close ties between these rural communities and America. They were pieces of post-war America intertwined with the lives of people in this part of Norway.

ROUND TRIP FROM AGDER TO NEW YORK

It is impossible not to mention migration when US-Scandinavian relations are thematised. Hundreds of thousands of people left Scandinavia between the 1890s and the interwar period. In some areas, a substantial number of people also migrated after the Second World War. The mass migration that took place in this timespan saw large numbers of people crossing the Atlantic Ocean. New thoughts, ideas and objects also followed along the way. Although the stream of people was strongest from east to west, some migrants also went the other way. After some years in America, they returned to their home countries in Scandinavia.[3]

In some areas, extensive migration had a major impact on the local communities and culture. Several municipalities in the counties of Agder on the southern coast of Norway, for example, suffered massive migration. A large part of the population of the rural communities on the Lista peninsula and in the Kvinesdal valley in the western part of Agder, for instance, lived in America for a period of their lives – most of them in Brooklyn, New York, which had a sizable community of Norwegian and Nordic migrants.[4] Young women and men went there for work and adventure, while husbands earned money to send back home to their wives and children.

The close ties with America had an impact on these communities. It affected family life, what people did for a living, their mindsets and mentalities, food culture and even language. It also had an impact on the material culture people surrounded themselves with, and the landscape. When the migrants returned to Lista and Kvinesdal after some years in the US, they seldom came back empty-handed. Many men had worked as carpenters in America and brought back blueprints for their new homes in Norway. In the 1920s, these America-inspired houses often had hidden electric wiring, water closets, glassed-in porches and expensive building materials, inspired by the suburban homes that the returned migrants had helped construct outside New York. In the 1950s, modern ranch houses and split-level homes started to appear in the same coastal landscape, with exterior chimneys, bay windows and incorporated garages.[5]

AMBASSADORS OF AMERICAN MASS CULTURE

Many of those who eventually returned to Norway had emigrated to America as young men and women. During their stay in Brooklyn, they had married and started a family. When they eventually returned to Norway, they brought their belongings with them. Tons of goods were loaded in large containers on the Atlantic Ocean liners, including objects and furniture bought in Brooklyn. Some items had sentimental value, reminding them of an important period in their lives, but a large part of the things brought back to Agder were new. Many people planned their return and bought things for their new lives in Norway. In the early twentieth century, the returning migrants often came back home with objects and furniture for their parlours – lamps, gramophones and mass-produced carnival glass in bright colours. In the 1950s and 1960s other rooms and parts of the house were prioritised. Now their containers were filled with colourful streamlined furniture and equipment for their kitchens and bathrooms.

One of the most attractive things to bring back from America in the post-Second World War years, was American kitchen dinette sets. In the 1950s, they got their characteristic shape – modern, aerodynamic and with bright, happy colours – the table with a Formica top and chrome base and the chairs in matching colours. The American kitchen dinette sets differed from the simpler steel-based kitchen furniture back home. They were a good example of what the design historian Thomas Hine has named *Populuxe* – futuristic, popular, mass-produced luxury for all.[6] They represented a different side of the post-Second World War story than the objects displayed in *Amerikansk form*. *Populuxe* represented consumption, fantasy and dynamic shapes considered vulgar by some yet embraced by the masses, including Norwegian immigrants.

During their years in America, the migrants had become modern consumers, expressing their individuality through consumption. By bringing the American kitchen dinette sets back home they were able to express their individual style. The furniture also had another dimension – it was American. Introducing American kitchen dinette sets, household appliances and other goods in Agder, the returned migrants became ambassadors of mass consumption. They represented something new and modern and what was to come, at a time when the product range and freedom of choice was quite limited in these rural communities.

JUST LIKE THE MOVIE STARS

Furthermore, the local migration to America and the impulses this process brought with it had an impact on more than just those who were directly involved. Family members, friends and neighbours of the people who crossed the Atlantic could also dream of and try to acquire American goods. Some "ordered" objects and products from those living in Brooklyn, who bought, packed, and shipped the items to Norway. Consequently, many American kitchen dinette sets, and other objects also ended up in the homes of people who had never been to America. Others copied them. In Agder, for instance, two businesses started to produce "American-style" kitchen dinette sets for the local market.

For the local population in Agder, the American things were symbols of a country far away but at the same time very present in their everyday lives. This America was an America based on the first-hand knowledge of those who had spent parts of their lives "over there". This America was embodied in the local language and conversations, in the absence of neighbours and relatives away for work in New York, and in the material wealth they brought back home with them. This everyday-life America was intertwined with the impulses from American popular culture, also widespread at the time. The smartly dressed, worldly Norwegian-Americans were idealised by some and the things they surrounded themselves with were associated with a certain glamour. Or as a woman growing up on Lista in the 1960s explained, as a girl she had been convinced that all the movie stars in Hollywood had American kitchen dinette sets in their homes.

1   *Dagbladet,* Oslo, 15 January 1954.
2   Siv Ringdal, *Det amerikanske Lista: Med 110 volt i huset,* Oslo 2002.
3   Mark Wyman, "Return Migration – Old Story, New Story", in *Immigrant & Minorities: Historical Studies in Ethnicity, Migration and Diaspora,* 2001, vol. 20, no. 1, pp. 1–18.
4   Siv Ringdal, *Lapskaus Boulevard: Et gjensyn med det norske Brooklyn,* Oslo 2007.
5   Ringdal, *Det amerikanske Lista.*
6   Thomas Hine, *Populuxe,* New York 1987.

7 Swedish Fashion in 1960s USA
Clothes and National Identity

PATRIK STEORN

WHEN THE STRONG connection between Scandinavia and design was established internationally in the twentieth century, the field of fashion was often sidelined. As a result, most people think that Denmark, Norway, Sweden and Finland have only started to distinguish themselves with their clothing design in recent decades.[1] On the contrary, however, the Nordic countries already garnered attention for garments that balanced quotidian simplicity with colourful design in the post-war years when the fashion industry gradually became more polycentric and there was an increased interest in discovering new styles.

A critical attitude towards fashion, where fashion items were cast as symbols of consumption and social difference, has often been described as typically Swedish.[2] At the same time, however, there was a domestic fashion culture in the 1960s with several creative designers and an innovative clothing industry that produced cutting-edge fashion items that were sought-after and even exported to other parts of the world.[3] Through a combination of the material and symbolic values of the clothing, an image of Sweden as a fashionable and modern country was also exported. In fact, fashion became an important component in the forming of an image of "Swedishness", which was prominent in the American media of the time. So, how was Swedish fashion perceived in the USA and which notions of "Swedishness" were exported along with the clothes?

FASHIONABLE IMAGES OF SWEDEN

Entitled "Sweden's Wild Style: The New Fashion Find – The Land of the Blondes", the September 1968 edition of *Life* magazine was dedicated to Swedish fashion. It included a selection of Swedish fashion shown in a total of 15 spectacular fashion photos by the British photographer Norman Parkinson.[4] Both individual designers and established brands were represented. Tall women with blonde, waist-length hair posed in different surroundings, such as a mystical forest or a fertile field, the foggy courtyard of a fifteenth-century palace, the small alleys in the Old Town of Stockholm or in the window of an avantgarde art gallery with artworks by Carl Fredrik Reuterswärd. The artist Marie-Louise De Geer herself posed in an overall by Gunila Axén in her and her then husband Carl Johan's colourful artist home. The models were all dressed in simply cut ready-to-wear garments in soft, colourful fabrics. Parkinson seems to have deliberately placed the clothes in surroundings of a similar palette. A patterned dress in blue by Inez Svensson matches a blue allotment cottage and a model in a light green sleeveless dress by Bertil Wahl poses in a field of ripening wheat.

One of the most striking images shows Sighsten Herrgård's unisex-overalls, designed to be worn across genders and generations. The designer himself can be seen in the middle of the photo, together with his then girlfriend Ann Jennifer. Herrgård's parents stand behind them and on either side of them are his two brothers and their families. A high cliff forms the background with small black-and-white birds (common murres) perched side-by-side along the crevices in the rock wall. The photo was taken at the Biological Museum in Stockholm, where full-scale dioramas of Nordic nature with all kinds of stuffed animals have been on display since the museum opened in the 1890s. The motif is linked to the notion of Swedish gender equality in many ways. Just like the male and female birds have the same plumage, the human couples wear the same clothes.

Swedish design has often been characterised with the epithet "blondeness", which usually refers to light colours, natural materials and simple forms. In relation to Swedish fashion, however, the word "blonde" gained another meaning, related to the link between blondes and "the Swedish sin". The expression was first used in an article headlined "Sin and Sweden" that the American journalist Joe David Brown published in *Time* magazine in April 1955.[5] The text claimed that extramarital affairs, young unmarried mothers and abortions had grown to be social and moral problems in Sweden. The article was, however, skewed in that it was based on interviews with representatives of the Church of Sweden, particularly older men. Although the Swedish embassy filed a formal complaint against the editors of *Time*, pointing out that the article was based on false premises, it generated a massive response from readers all over the world.

Around the same time, the Swedish films *One Summer of Happiness* by Arne Mattsson (1951) and *Summer with Monika* by Ingmar Bergman (1953) garnered international attention because they showed nude bathing and sexual relations between young unmarried adults.[6] The films elicited strong reactions and certain scenes were censored in the UK and a number of American states. It seems like the poetical realism in the films and the depraved picture painted by the *Time* article substantiated each other in some way. Hence, the notion of "Swedish sin" originated in the USA, and although it was loosely based on inaccurate sources, movies and popular culture, it took root and seems to also have affected perceptions concerning Swedish fashion.

Norman Parkinson had been to Sweden before – in 1958 to photograph the designer Ebba von Eckermann's colourful collection for *Life* magazine.[7] In one of the photographs, a blonde woman is leaning against a horse dressed in a short pair of shorts. Later, Ebba von Eckermann told me that the garment was not actually part of her collection, but was specially made for the shoot. A few years later, something similar occurred when Gordon Parks came to Sweden to photograph swimwear for *Sports Illustrated*. On one of the pictures, a model is wearing a bathing skirt by von Eckermann that is open on the side.[8] This garment was also made exclusively for the American fashion press and was not available for purchase. The images depict the female body as sensual and natural, clearly referring to the outdoor scenes in the (in)famous Swedish films. The clothes were created as props for these scenes that fit in with existing stereotypes of "Swedishness".

These are just some examples of Swedish clothing that featured in the American press in the 1960s.[9] The media has a decisive role in how the symbolic language of clothing is shaped, and, using Roland Barthes's terminology, "Swedishness" can be understood as a mythology, a narrative that contributes towards the construction of notions that have the distinct capacity to be perceived as obvious or natural.[10] Barthes identifies fashion magazines as important instances in the transformative process in which clothes are allocated new meaning, which in these forums can also be adapted to a target audience. In this context, fashion played an active part in forming the image of "Swedishness" and was depicted in accordance with three main motifs: *nature* – not just the Swedish landscape and climate (outdoors or staged in a museum) but also in the form of the body, especially the female body; *modernity* – in the sense of social reforms, technology and a liberated lifestyle, as well as avantgarde art, film and popular culture; and lastly, *fairy tales* – a certain mystique associated with traditional Swedish culture, and the Nordic heritage and folklore. Fashion and fashion images played a part in the creation of these national stereotypes, which in certain respects still resonate to this day.

The geographical patterns of the fashion system changed in the 1960s. New York drew the fashion world's attention away from Paris and Europe, and the city became an important arena for a more globalised fashion scene.[11] Swedish fashion played an ambiguous part in the shaping of a new fashion culture in the USA. On the one hand it, represented certain kinds of modern clothes that appealed to American consumers, but on the other hand, the garments were perceived as typically "Swedish" and thus "exotic", and were ascribed sensual, even sinful characteristics. Fashion photography did not actually convey the notion that there was a unique Swedish fashion sensibility. Rather, the images were based on conceptions that already existed about Sweden in the USA. Most of all, Sweden was presented as a "social laboratory" where new, progressive ideas were put to the test, but the stereotypical notion of "Swedish sin" was also omnipresent.[12] Images of Swedish fashion were used to challenge an established, conservative taste in the USA, representing alternative, cosmopolitan ways of relating to fashion as a form of self-expression.

1 Marie Riegels Melchior, "From Design Nations to Fashion Nations? Unpacking Contemporary Scandinavian Fashion Dreams", in *Fashion Theory: The Journal of Dress, Body & Culture*, 2011, vol. 15, no. 2, pp. 177–200.
2 Göran Sundberg, "Fashion has become fashionable", in *Swedish Fashion: Exploring a New Identity,* Maria Ben Saad (ed.), Stockholm 2008, pp. 14–18.
3 Patrik Steorn, "Fashion History as Hybrid: A Transnational Perspective on the Distribution of Fashion History in Sweden, 1950–1980", in *Fashion Theory*, 2021, vol. 25, no. 2, pp. 223–224.
4 "Sweden's Wild Style: The New Fashion Find – The Land of the Blondes", *Life*, 1968, vol. 65, no. 13, pp. 88–98.
5 Frederick Hale, "Time for Sex in Sweden: Enhancing the Myth of the 'Swedish Sin' during the 1950s", *Scandinavian Studies*, 2003, vol. 75, no. 3, pp. 353–357.
6 Ibid., p. 359.
7 *Life*, 1958, vol. 45, no. 14, p. 101.
8 *Sports Illustrated,* 1963, vol. 16, no. 4, p. 41.
9 Patrik Steorn, "Swedish 1960s Fashion in the U.S: A transnational perspective on fashion and national identity", in *Querformat,* 2013, vol. 5, pp. 63–66.
10 Roland Barthes, "Language and Clothing", in *The Language of Fashion,* Oxford 2006, p. 30.
11 Norma Rantisi, "How New York Stole Modern Fashion", in *Fashion's World Cities,* Christopher Breward and David Gilbert (eds.), Oxford and New York 2006, p. 119.
12 Frederic Fleisher, *The New Sweden: The Challenge of a Disciplined Democracy,* New York 1967, p. VIII.

8 American-Scandinavian Craft Exchange, 1945 to 1970

GLENN ADAMSON

ARLINE FISCH WON a fulbright to study craft in Denmark not once, but twice. The first time, in 1956, she was only 25 years old, enthusiastic but still relatively unskilled. To make matters worse, she didn't speak Danish, and after receiving the grant, encountered an unfriendly administrator at Kunsthåndværker-skolen (the School of Arts and Crafts) in Copenhagen. Suspicious that she planned to steal Danish ideas, he also found her interest in studying both ceramics and silversmithing perplexing. Perhaps it sounded like the plan of a dilettante. Yet Fisch persevered, first spending time at the school, and then at a privately owned manufactory, which took her on as an apprentice.

In 1966, Fisch – now an established figure in the American craft scene – returned to Denmark. She was treated with greater respect this time, enjoying special access to museum collections, where she was deeply impressed by historic Mongolian jewellery, such as pectorals and ear ornaments. She also rented an independent shop space. Her second stay in Copenhagen was a great and productive time. Even so, she had reservations; Scandinavia seemed less intimidating than it had a decade earlier, but less exciting too. "The change between the fifties and the sixties was astronomical", Fisch later recalled. "The craft world was very vibrant [in the United States]. It didn't seem to be that vibrant in Denmark."[1]

In the period between Fisch's two visits, much had indeed changed, in both the United States and the Nordic countries. So too had the relationship between the two regions, at least when it came to design: the international fashion for Scandinavian modern was past its peak. Fisch's experiences were different, in part, because of her own changing perspective; but they were also emblematic of these larger shifts. In the 1950s, Scandinavia seemed an ideal, even utopian, context for artisanal production. The region had perfected a symbiosis between the craftsperson and industry. By the 1960s, though, the tables had turned. Americans, particularly those in Fisch's adopted state of California, were pioneering a new, experimental and thoroughly individualistic approach to craft. The work being done in the Nordic countries seemed bland and outmoded in comparison. Younger Scandinavian makers now began looking to America for inspiration; some, such as Erik Gronborg, even moved there.

To understand why Scandinavian design seemed so powerfully attractive to Americans in the immediate post-war years, it is worth sketching the state of affairs in the American craft movement at the time.[2] Its guiding ethos was the designer–craftsman model, premised on the idea that industry would benefit from the contributions of artisans. The role of the craftsperson would be to prototype designs and consult on production, ensuring both quality and clarity of vision. Unfortunately, American industry proved difficult to convince. Manufacturers aiming for the mass market tended to emphasise efficiency and novelty, rather than integrity.

There were a few success stories, though, most of which involved European émigrés who arrived with established track records of working in factory systems. Notably, several of these leading lights were from Scandinavia and Finland. The Finnish weaver Marianne Strengell taught textiles at the Cranbrook Academy of Art according to the principle "first and always: research".[3] The American-born but Danish-trained John Prip taught in the metals programme at the School for American Craftsmen (SAC), and was appointed "designer in residence" at silver manufacturer Reed and Barton in 1957.[4] Tage Frid, also Danish, was a colleague of Prip's at the SAC and later at the Rhode Island School of Design (RISD).[5] Other Scandinavians were active in the United States as teachers, including Finnish potter Maija Grotell at Cranbrook, Swedish weavers Ingeborg Longbers and Inge Werther Krok at Penland School of Crafts in North Carolina, and Danish silversmith Hans Christensen, also at the SAC. Finnish weaver Martta Taipale's stint teaching at Penland in 1954 was decisive in opening up the field of tapestry to the great fibre artist Lenore Tawney at the beginning of her career.[6]

The reason that so many of these immigrant makers were comfortable imparting skills to apprentices, despite (sometimes) limited English proficiency, is that they had experienced this role in Scandinavia. Such arrangements were taken almost as a matter of course in the glassware, ceramics, furniture and textile industries there. The logic behind this was not so much ideological as pragmatic. It was not about finding a viable role for the modern craftsperson, but rather an expectation that designers should have thorough technical grounding in the discipline. In the 1950s, mechanisation was not widespread in Scandinavia. As was largely the case in Italy and Japan, the other two countries that exerted the strongest pull on the imagination of American craftspeople, fabrication was still done mainly by hand. Designers were able (even obliged) to work closely with skilled teams of artisans. This was the envy of those teaching in the more haphazard American system, which often lacked a firm vocational grounding, and offered few established pathways into the industrial workforce.[7]

Just as Fisch and other Americans who visited Scandinavia brought home valuable lessons from this unique context, Nordic artists visiting America were increasingly inspired by the freedom they found there: the lines of influence started to run in the other direction. Bertil Vallien, who graduated from Konstfack-skolan in Stockholm in 1961, went to Los Angeles to take up a design position at a manufactory called Hal Fromhold Ceramics. Over the course of his two years there, he was able to use the facilities to make his own work, influenced by the vitality of the California craft movement and American contemporary art. An exhibition of his work, held at Ryder Gallery in June, 1962, was right next door to the legendary Ferus Gallery, then presenting the first West Coast exhibition of Andy Warhol.[8] "I feel I really caught fire here", he remembers. "Before coming here, I was one of those students who made nice teapots with fine glazes – all that. But seeing the attitude, the freedom of your craftsmen, particularly the potters – what life their work has! – I went back refreshed, my ideas completely changed."[9]

Bodil Manz, who had recently graduated from the Danish School of Arts and Crafts, had a similarly transformative experience in 1966 while visiting Peter Voulkos's program in Berkeley, together with her husband Richard Manz, also a ceramist. She was captivated by the expressionist work being done there – "people were splashing things all over, it was fantastic" – and particularly impressed to see porcelain, a material she had associated exclusively with industrial manufacture, being mixed in huge machines and used for sculpture. Though the other students were initially dismissive of the Manzes' work, finding it too conservative, when they showed Voulkos their portfolios he was unexpectedly enthusiastic, characterising their works as *real* pots and declaring, "it will be so good for my students to see them". Upon their return to Copenhagen, the couple established themselves as leading figures in the studio pottery community. Bodil Manz's distinctive idiom, with transfer-printed patterns on both the interior and exterior surfaces of thin-walled cast porcelain cylinders, could not be more different from Voulkos's work, but she views her time in Berkeley as important in steering her down a more experimental pathway.[10]

By chance Lisa Larson, a designer who had worked at Gustavsberg alongside Richard and Bodil Manz, was able to connect with them in California. Larson was at the endpoint of an epic cross-country journey sponsored by the Swedish Trade Council. This "trip of a lifetime", as she remembers it, also seems to recapitulate America's history of Nordic craft in a single event. Larson's itinerary began with an exhibition at Georg Jensen in New York. Via Georg Jensen's director Jørgen Jenk, she was offered a job as designer at a stoneware manufactory in Appalachia. She admired the ceramics produced there, but was not in a position to accept their offer. She then visited various department stores across the country, in St. Louis, New Mexico, Los Angeles and finally San Francisco. There Lisa and her husband Gunnar joined the Manzes in Voulkos's studio; she recalls being struck by the political energies then swirling on the west coast (Berkeley's famous sit-ins for free speech were then underway), and the ambitious scale

of the American ceramists' work. By the time she returned to Sweden, she was making totemic, expressionist works very much in the West Coast idiom – completing her transit from "designer-craftsman" to sculptor.[11]

It would be difficult to imagine the current vibrant energy in the Scandinavian craft scene without the influence of Americans from the 1960s and later, and the continuing exchange of ideas since. Unbreakable bonds of respect between the United States and the Nordic region were forged following the Second World War, and so too were deep currents of mutual influence. Today, at a time when post-war studio craft is being reappraised, the transformative encounter between America and Scandinavia must be seen as one of its greatest success stories.

1   Oral history interview with Arline M. Fisch, July 29–30 2001, Archives of American Art, Smithsonian Institution.
2   For an overview, see Glenn Adamson, "Gatherings: Creating the Studio Craft Movement", in *Crafting Modernism,* Jeannine Falino (ed.), New York 2011.
3   Alice Adams, "Marianne Strengell", in *Craft Horizons,* Jan./Feb. 1963, vol 23, no. 1, pp. 34–36, 51.
4   "John Prip and Reed & Barton", in *Craft Horizons,* March/April 1964, vol. 24, no. 2, pp. 39–40. An exhibition on his work for the company, titled "A Craftsman's Role in Modern Industry", was held at the MCC in 1962. Also see, John Prip, Thomas S. Michie and Christopher Monkhouse, *John Prip: Master Metalsmith,* Providence, R.I. and New York 1987.
5   Oral history interview with Tage Frid, 24 June 1980–22 February 1982, Archives of American Art, Smithsonian Institution.
6   See Bobbye Tigerman, "Teachers and Students", in *Scandinavian Design and the United States, 1890–1980* (exh.cat.), Bobbye Tigerman and Monica Obniski (eds.), Los Angeles County Museum of Art och Milwaukee Art Museum, Munich, New York and London 2020, p. 179–200.
7   Glenn Nelson, "Scandinavian Craft Schools", part one, in *Craft Horizons,* July/Aug. 1961, vol. 21, no. 4, pp. 38–39; Nelson, "Scandinavian Craft Schools", part two, in *Craft Horizons,* Sep/Oct. 1961, vol. 21, no. 5, p. IX.
8   Helena Kåberg, interview with Bertil Vallien, 16 March 2021.
9   Dido Smith, "Bertil Vallien: Gentle Fantasies Done with Daring and Delight", in *Craft Horizons,* Sep./Oct. 1967, vol. 27, no. 5, pp. 9–13, 46. Upon his return to Sweden in 1963, Vallien took up a studio design consultancy at Åfors glasbruk, and went on to become a leading exponent of sculptural glass.
10 Bodil Manz, interview with the author, 6 August 2018.
11 This account is based on an interview with Lisa Larson by Ulrika Schaeder, 9 March 2021. My thanks to Schaeder for sharing this research and Larson's fascinating story.

9 Dissent and the Spectre of Freedom
United States culture and 1960s Nordic art

LARS BANG LARSEN

IN THE COLD WAR ERA, governments in the Nordic region were aligned with United States foreign policy. The Vietnam War, however, was a decisive factor in making many people in the West – including artists – turn politically against the United States for the first time since the Second World War. At the same time, artists were influenced by the American way of making art and its countercultural politics, as well as by American popular culture and attitudes towards new technology. In this way, the Scandinavian artistic dialogue with the United States consisted of an ambivalent relationship that was negotiated through a notion of freedom, that was set to work in relation to images and concepts of artistic, political and market freedom. The American Declaration of Independence could be seen as a role model of this notion of freedom, just like it was coloured by how "freedom" was used as a Western call to arms during the Cold War. Born of a Transatlantic dynamic, "the American Revolution had been made for export", writes historian Michael Kimmage. Thus Thomas Jefferson, the author of the Declaration of Independence, had envisioned it as a "ball of freedom" that would "roll around the globe" – a messianic perspective on American democracy, which even influenced artists in the Nordic countries who were critical of the USA.[1]

Perhaps it was even the case that the West was transfixed by the USA and its images. Norwegian artist Kjartan Slettemark's collages *Nixon Visions* (1971–74) suggest as much, with their comical rearrangement of the American President's face into hypnotic, delirious mandalas. It can safely be assumed, though, that Slettemark harboured anything but religious feelings towards Nixon, considering how the latter's countenance makes so many ominous and disfigured returns in his series.

Per Kleiva is another Norwegian artist who dealt in a counterintuitive – though more sombre – way with the image politics of the Vietnam era. His *Amerikanska sommerfuglar* [American butterflies] (1971) confronts the viewer with American combat helicopters of the type used in Vietnam: they hover over a burning field, supported by butterfly wings. The work's conflation of threatening military aircraft and a biblical insect plague with the lightness and fragility of butterflies produces a haunting symbolic charge of inevitable destruction and death.

Between 1967 and 1972, American artist Martha Rosler created her famous collage series *House Beautiful: Bringing the War Home*. Here she spliced photos from the battlefield in Indochina with images of affluent American homes in a visual pun on the Vietnam War as the first "living-room war" that entered the collective consciousness through television sets. Icelandic artist Erró's *American Interior* (1968) produces a similar collision of spaces, with the Viet Cong threatening to invade a bedroom setting that could have leapt from the pages of an interior decoration magazine. In the style of a politicised Roy Lichtenstein, Erró's painting juxtaposes two distinct aesthetics – advertising and agitprop – to produce the effect of untenable and incongruous domestic bliss.

The anti-Americanism of the Swedish magazine *PUSS* was to a large extent inspired by American counterculture and underground media, such as the unorthodox political agitation of the Yippies (who on their side borrowed from the Situationist International in Europe).[2] *PUSS* (Swedish for "kiss") was published between 1968 and 1973, and edited by a changing cast of artists, including Lars Hillersberg, Åke Holmqvist, Karin Frostenson, Carl Johan De Geer, Leif Katz, Karl-Erik Liljeros, Ulf Rahmberg, Lena Svedberg and Christer Themptander. An informal network of street venders, who received a percentage of the sales, distributed *PUSS*'s impressive print run of 10,000 copies per bimonthly issue. It was not only straight society with its "plastic people" that were targets of *PUSS*'s frequently obscene form of political satire, but also the reds and the bohemians: in this way the magazine was an antidote to both harmonious hippiedom and a Scandinavian culture of consensus. Pop Art had been introduced to a Swedish audience with Andy Warhol's solo show at Moderna Museet in the spring of 1968 – his first at a museum outside of the United States – but *PUSS* took a different avenue to deal with American influences and tropes. Lena Svedberg's dark portrayals of *Konsumentkvinnan* [The consumer woman], for instance, is social commentary as raw as any by Robert Crumb, and rendered in a style that is prescient of the later genre of graphic novels: "the consumer woman" is a tragic, bloated, suburban character whose soul has been lost to a commercialised society's distortion of her needs.[3]

The Swedish artist Öyvind Fahlström – also a *PUSS* columnist – has been credited as the first artist and poet to write a defence of concrete poetry. His point of departure was Pierre Schaeffer's *musique concrète*, and he created poems meant to be heard as music as well as to make the Swedish language more complex. Characterised by radical experimentation and his catholic tastes, Fahlström worked across artistic media and even invented his own – among others the "variable painting" – shortly after moving to New York in 1962. Here painted elements could be attached to a panel with magnets or string, and theoretically arranged in any configuration. Later he extended variability to three-dimensional structures, too, and worked with pictorial "character-forms" that were meant to stand for unknown experiences and prompt a search for new words. In the early 1970s, Fahlström started to make narrative, cartoonish world maps that made contemporary world politics legible. His *Sketch for World Map* (1973) annotates

American political and military involvement in the Cold War era's brutal global power game.[4]

Charlotte Johannesson, a Swedish self-taught artist, was strongly influenced by the Swedish-Norwegian weaver Hannah Ryggen, who in the mid-twentieth century made a place for textile work in the realm of "fine art". At the end of the 1960s, Johannesson started to use weaving as a protest medium in which propagandistic messages were paradoxically delivered with the softness and slowness of the woven image. In 1978 she acquired her first Apple II Plus – the first mass-produced micro-computer. Soon afterwards, Johannesson and her partner Sture started the Digital Theatre in their apartment in Malmö. This digital workshop was Scandinavia's first studio for digital art. Here the couple worked on machines they had brought home from California's budding computer industry, thereby closing the circle on the proximity of Silicon Valley and the West Coast counterculture that had influenced Johannesson's early experiments. By exchanging her loom for a computer, she activated the shared modern history of the two technologies that overlaps in the mechanised looms of the industrial era. The incompatible characteristics represented by the two machines – analogue and digital, coding and weaving, material and virtual, female and male, craft and industry, etcetera – became malleable constituents of a new sensibility, in which she could work through the crises of representation of her time. Johannesson taught herself how to programme her Apple II Plus in order to make graphics for the screen, or drawings that could be "plotted" (this was before printers). In her digital graphics from the late 1970s and early 1980s she channelled contemporary mass media into personally inflected images, as if the future cybernetic reality of the Internet had already taken root in her nervous system and allowed her to forge an escape vehicle or time machine that could take her to another world.[5]

1   Michael Kimmage, *The Abandonment of the West: The History of an Idea in American Foreign Policy,* New York 2020, p. 15–16. See also my text "Liberty Bells: The Cultural and Political Programme of 'the West' at documenta", in *documenta: Politics and Art* (exh. cat.), Doris Blume et al. (eds.), Deutsches Historisches Museum, Berlin 2021.

2   The Yippies, short for Youth International Party, was an anarchic non-organisation that created media happenings and political street theatre in the United States of the late 1960s that in some cases attracted very large numbers of participants. Julie Stephens emphasises how the playful, satirical protest forms of the Yippies was based on an analysis centring on simulation: "reality was seen to comprise only images, and all equally illusory ones at that." Julie Stephens, *Anti-Disciplinary Protest: Sixties Radicalism and Postmodernism,* Cambridge 1998, pp. 114–115.

3   See also my text "PUSS 1968–1973", in *The Nordic Avant-Garde Anthology, vol. 2.,* Tania Ørum and Jesper Olsson (eds.), Amsterdam 2016.

4   See also Sharon Avery-Fahlström and Lars Bang Larsen, "Öyvind Fahlström", in *Incerteza viva / Live Uncertainty: 32nd São Paulo Biennial* (exh. cat.), Júlia Rebouças and Jochen Volz (eds.), Fundação Bienal de São Paulo, São Paulo, 2016.

5   See also my catalogue essay "Faces of Dissent: Charlotte Johannesson's Cyberfeminist Textilepunk and its Countercultural Connections", in *Charlotte Johannesson: Take Me to Another World* (exh. cat.), Museo Nacional Centre de Arte Reina Sofía, Madrid 2021.

10 When Design Developed a Conscience

KJETIL FALLAN

IN THE AFTERMATH of the post-war economic miracle and the remarkable success of the design professions in furnishing a lifestyle with all the modern conveniences for consumer citizens on both sides of the Atlantic, something unexpected happened: design developed a conscience. Having provided the expanding and expanded middle classes with ever more juke-boxes and Juicy Fruit, villas and Volvos, design professionals increasingly started reconsidering the purpose and ethics of their work. How could "good design" be more about *doing* good than about *looking* good? This tendency was particularly pronounced in the period between the crisis of modernism in the mid-1960s and the onset of neoliberalism in the 1980s, to the extent that we might identify in this window of time something of a "social turn" in Scandinavian design. The design cultures of Scandinavia and the US developed quite differently in this period, but there were still many important transatlantic relations running through the social turn. When Scandinavian designers sought to hone their craft on doing good, three arenas or contexts stand out. These can be thought of as concentric circles of conscience: 1) Designing for users beyond the default able-bodied adult (caring for the entire society); 2) Designing as part of international development aid (caring for the entire global community); 3) Designing for ecological sustainability (caring for the entire planetary ecosystem).

Stepping into the first circle entailed both an extension and a diversification of the conventional understanding of who the user is, and what designing for such non-standard users implies. One of the first such user groups to significantly impact design practice in Scandinavia was children. The reconceptualisation of children from miniature adults to unique beings in their own right meant that products designed for children no longer were miniatures of the adult version. Children's chairs proved a particularly fertile ground for exploring the creative potential in this principle, with Kristian Vedel's multifunctional furniture unit (1955), Stephan Gip's *Robust* (1962) and Peter Opsvik's *Tripp Trapp* (1972) as notable examples. Just how prominent Scandinavia's position in this field has been perceived in the US is indicated by the fact that all these chairs (along with a wide range of other Scandinavian objects) were included in MoMA's recent exhibition about the history of designing for children – an exhibition which was even named after a book by Swedish design reformer Ellen Key, *Century of the Child*.[1] Another group that received increased attention from designers in this period is people with disabilities. The disabilities rights movement was on the rise both in Scandinavia and in the US, with students at the forefront.[2] These concerns came together at seminars organised by the short-lived Scandinavian Design Students Organisation (SDO) in the summer of 1968,

where American renegade design prophets Richard Buckminster Fuller and Victor Papanek stirred the crowds. An assignment at the first seminar in Helsinki consisted of designing a playground for children with cerebral palsy.[3] At a workshop during the second seminar in Stockholm, the Danish design student Susanne Koefoed came up with the first iteration of what would subsequently become the International Symbol of Access.[4] Another participant at these seminars, Maria Benktzon, would soon thereafter, in collaboration with Sven-Eric Juhlin, turn these ideas of what has become known as universal design into commercial products such as the now iconic kitchen utensils intended for people with reduced hand strength and dexterity.[5]

The move from societal solidarity to global solidarity was a natural result of the fact that the world became smaller during the 1960s. The period saw a massive surge in international development aid, in which designers from Scandinavia, the US and the rest of the Global North were enrolled along with experts in many other fields as part of a large-scale knowledge transfer and exchange. A particularly interesting Scandinavian example of such "design for development" is Kristian Vedel's tenure as professor and head of Africa's first industrial design programme at the University of Nairobi (1968–1971), where he worked – uneasily – alongside the American designer and educator Nathan Shapira.[6] Both the Dane and the American strongly believed in design's potential to improve the living conditions of people in the Global South, but their views on how to achieve this goal differed strongly, with Shapira favouring industrialisation and Vedel promoting alternative technology and learning from vernacular material culture. Vedel's work in Kenya was funded by the recently established Danish International Development Agency (DANIDA) and sought to foster a design education in, by, and for a post-colonial society eager to tap into the knowledge-base of Western industrialised societies without replicating their increasingly evident socio-economic and environmental ramifications.[7] This case thus straddles the second and third concentric circles of conscience, extending design's ethical responsibility to include not only humanity as a whole, but also non-human nature.

The realisation that what you do for a living contributes to undermining the very conditions for life on our planet is an overwhelming and potentially paralysing experience. The flourishing environmentalist movement thus had a significant impact on the social turn in design – and vice versa.[8] A somewhat unexpected example of this reciprocal relationship, which also features a distinctly transatlantic connection, is provided by the deep ecology movement. From the late 1960s on, a group of Norwegian philosophers and avid mountain climbers with Arne Næss at the helm, developed a distinctive mode of thinking about the interconnectedness of human and non-human nature and of material and non-material culture. Næss had a long-standing and close relationship to California, and spent much time in Yosemite and Berkeley during the heyday of Californian counterculture. The ageing philosophy professor was neither a hippie nor a designer, of course – but he was acutely aware of and keenly interested in the ongoing developments in these fields, and during his extended visits to the San Francisco Bay Area he inadvertently found himself in the midst of a veritable seedbed of countercultural approaches to ecological design. The interests of the Norwegian eco-philosopher climbers and the American hippie modernists converged on the concept of tools. The former were devising climbing tools and equipment that would be less detrimental to the nature they so loved exploring, whereas the latter sought tools of all kinds which would allow them to tread more lightly on the land and/or live off the grid. These unlikely liaisons even resulted in concrete contributions to Scandinavian design culture, for instance when Næss's rope mate, the engineer Nils Faarlund, designed tents, backpacks and other types of equipment in collaboration with the manufacturers Helsport and Bergans.[9]

Scandinavian design culture underwent drastic changes in the course of the 1960s and 1970s, and what I have here termed the social turn is one of the most prominent vectors in this transformation. By expanding the remit of their ethical responsibility, designers developed a conscience that helped establish new fields of practice such as social design and ecological design.

1   Juliet Kinchin and Aidan O'Connor (eds.), *Century of the Child: Growing by Design 1900–2000,* New York 2012.
2   Bess Williamson, *Accessible America: A History of Disability and Design,* New York 2019.
3   Alison J. Clarke, *Victor Papanek: Designer for the Real World,* Cambridge, MA 2021, p. 202.
4   Elizabeth Guffey, *Designing Disability: Symbols, Space, and Society,* London 2017, pp. 121–133.
5   Lasse Brunnström, *Swedish Design: A History,* London 2018, pp. 169–172.
6   Daniel Magaziner, "The Politics of Design in Postcolonial Kenya", in *Flow of Forms / Forms of Flow: Design Histories between Africa and Europe,* Kerstin Pinther and Alexandra Weigand (eds.), Bielefeld 2018, pp. 134–151.
7   Amrik Kalsi, "A new design education in Kenya", in *Kristian Vedel,* Lise Schou (ed.), Copenhagen 2007, p. 83.
8   Kjetil Fallan and Finn Arne Jørgensen, "Environmental Histories of Design: Towards a New Research Agenda", in *Journal of Design History,* 2017, vol. 30, no. 2, pp. 103–121.
9   Kjetil Fallan, "Dyp design i Ville vesten: Da norsk økofilosofi møtte amerikansk økodesign", in *Nytt Norsk Tidsskrift,* 2020, vol. 37, no. 2, pp. 98–112.

Images

Wenner-Gren Center, Stockholm, 1959. Sune Lindström (1906–1989), Swedish The Swedish entrepreneur Axel Wenner-Gren founded Electrolux in 1919 and from the 1920s pursued a successful business career in the US. In the 1950s he sponsored the construction of the Wenner-Gren Center in Stockholm – a meeting place for the international scientific and techological elite. This tall building, the first in Sweden to be built with a steel frame, was inspired by American models and is reminiscent of the skyscrapers with glass facades that at the time were erected along Park Avenue in New York. (pp. 2–3)

Hanging, *First Sight of New York*, 1930s. Wool, linen, cotton, viscose rayon, 208.3 × 162.9 cm. Lillian Holm (1896–1979), Swedish, active in the USA. Collection of the Flint Institute of Arts, Flint, MI; Gift from Mrs Lillian Holm in memory of Ralph T. Sayles, FIA 1965.14. Photo: Image © Lillian Holm; Photo: © Flint Institute of Arts.
The towering skyscrapers and captivated crowd pictured in this hanging provide insight into Swedish weaver Lillian Holm's impression of New York upon her arrival from Sweden in around 1930. In addition to producing her own works, Holm contributed her skills to Studio Loja Saarinen, the weaving studio run by Finnish immigrant Loja Saarinen that was located at Cranbrook in Bloomfield Hills, Michigan. (p. 4)

INTRODUCTION

Sculpture, *Emigrants on Fish*, 1936–1940. Cast iron, 66 × 200 × 35 cm. Carl Milles (1875–1955), Swedish, active in Sweden and the USA. Millesgården Museum. Photo: © Millesgården Museum/Elisabeth Zeilon © Carl Milles/Bildupphovsrätt(2021).
Emigrants travelling by sea with hopes and dreams, holding attributes to represent the professions and skills they bring with them. In his time as sculpture teacher at Cranbrook Academy of Art, Carl Milles created ornamental work in the government district in Harrisburg, Pennsylvania. The Finance Building was adorned with six monumental bronze double doors with reliefs about the state's agriculture and industry, but a planned fountain with sculptures of emigrants and fish never became a reality. (p. 6)

Chair, c. 1925. Wood, painted decor, 77.47 × 76.2 × 50.8 cm. Per Lysne (1880–1947), Norwegian, active in the USA; John Lund (1884–1975), Norwegian, active in the USA, cabinetmaker. Vesterheim, the National Norwegian-

American Museum. Photo: Vesterheim, the National Norwegian-American Museum, Decorah, Iowa.
Lysne learned the folk painting technique of rosemaling from his father before emigrating to Stoughton, Wisconsin in 1907. The cabinetmaker Lund was a fellow Norwegian emigrant. (p. 8)

Flag, *Sons of Norway Oslo Lodge No. 2*. Artificial silk, Norsk utvandrermuseum [The Norwegian Emigrant Museum]. Photo: Norsk utvandrermuseum.
The Sons of Norway fraternal benefit society was founded in Minneapolis in 1895 with the aim of creating a community and security for new immigrants from Norway. At the end of the 19th century, the society grew rapidly and founded new lodges in Minnesota and other parts of the USA. (p. 11)

Viking Boat Centerpiece, model D 900, designed c. 1905. Silver, brass, 40.01 × 27.62 × 27.94 cm. Gorham Manufacturing Company, Durgin Division. Collection of the Art Fund, Inc. at the Birmingham Museum of Art. Purchased with funds provided by Guy R. Kreusch, AFI.11.2013a-b. Photo: Birmingham Museum of Art. (p. 12)

Smorgasbord plate, c. 1940. Wood, painted decor, 2.54 × 38.74 × 38.74 cm. Per Lysne (1880–1947), Norwegian, active in the USA. Vesterheim, the National Norwegian-American Museum. Photo: Vesterheim, the National Norwegian-American Museum, Decorah, Iowa. (p. 12)

Table runner, c. 1920. Wool, cotton, rosengång or rosepath weaving technique, 213.4 × 88.3 cm. Edward F. Worst (1866–1949), American, Collection of Edward F. Worst/Marc E. Worst. Photo: John R. Glembin.
Weaver and teacher Edward F. Worst, the son of German emigrants, trained in the US and Sweden. In 1908, he studied at Johanna Brunsson's weaving school in Stockholm and in 1912 at Nääs School of Crafts. He founded Lockport Home Industry in Illinois, imported spinning wheels and looms from Sweden and Norway and hired Swedish immigrant weavers. In 1918 he published the pattern book *Foot-Power Loom Weaving* with descriptions for amateurs and cottage industries. (p. 13)

Gamble House, Pasadena. Greene & Greene, 1908–1909. Exterior and interior view of the main staircase to the first floor. Photo: Gamble House Conservancy. (p. 17)

Table lamp, *Laurabelle A. Robinson House*, 1906. Red oak, silk, 56.52 × 50.5 × 50.5 cm. Charles Sumner Greene (1868–1957) and Henry Mather Greene (1870–1954), American architects, Peter Hall (1867–1939) and John Hall (1864–1940), both Swedish and active in the USA, cabinetmakers. Peter Hall Manufacturing Company. Gamble House Conservancy. Photo: Ognan Borissov, © Interfoto Productions, Inc. Courtesy Greene & Greene Archives. (p. 16)

Chair, Robert R. Blacker House, 1907. Mahogany, ebony, oak, leather, 84,8 × 61,6 × 54,9 cm. Charles Sumner Greene (1868–1957) and Henry Mather Greene (1870–1954), American architects, Peter Hall (1867–1939) and John Hall (1864–1940), both Swedish and active in the USA, cabinetmakers. Peter Hall Manufacturing Company. Los Angeles County Museum of Art; Gift from Max Palevsky and Jodie Evans, M.89.151.4. Photo: © Museum Associates/LACMA. Peter and John Hall emigrated as children from Stockholm to Illinois. In the early 1900s, they ran a construction business in California, becoming renowned as skilled cabinetmakers. The architectural firm Greene & Greene in Pasadena hired the Hall brothers, who enabled the brothers Charles Sumner and Henry Mather Greene to realise their vision of building exclusive bungalows in the Arts and Crafts style with bespoke fittings and furniture. (p. 17)

Weave, *Dandelion*, 1893. Wool, silk, cotton, 214 × 215.5 cm. Frida Hansen (1855–1931), Norwegian. Stavanger Kunstmuseum [Stavanger Art Museum]. Photo: Dag Myrestrand/Stavanger Kunstmuseum © Bitmap AS.
The Norwegian Women's Movement asked Frida Hansen to create a weave about women's rights and place in society for the Norwegian section of the Women's Pavilion at the 1893 Chicago World's Fair. In words and images, her weave tells us that women, like dandelions, grow the more they are trodden on. In the early 1900s, Hansen's innovative weaves were shown widely in the eastern US, thanks, in part, to Norwegian-American immigrant Berthea Aske Bergh who amassed a collection of Hansen's designs and exhibited them at venues such as Pittsburgh's Carnegie Institute. (p. 18)

CHAPTER 1

Firework Bowl, designed in 1921. Glass, engraved, 21.5 × 28 cm. Edward Hald (1883–1980), Swedish. Orrefors Glasbruk. Nationalmuseum, NMK 37/1923. © Edward Hald/Bildupphovsrätt(2021).

The Firework Bowl was displayed in the Swedish touring exhibition in the US, and the Metropolitan Museum of Art purchased one of them. (p. 22)

Exhibition of Swedish industrial arts, The Metropolitan Museum of Art, New York, 1927. Photo: © 2021. Image copyright The Metropolitan Museum of Art/Art Resource/Scala, Florence. (p. 23)

Gazelle Bowl, 1935. Glass, engraved, 18.42 × 17.78 × 17.78 cm. Sidney Waugh (1904–1963), American Steuben Glass, division of Corning Glass Works. The Metropolitan Museum of Art, Purchase, Edward C. Moore Jr. Gift, 1935, 35.94.1ab. Photo: © 2021. Image copyright The Metropolitan Museum of Art/Art Resource/Scala, Florence.
Similarities between Swedish pieces and American ones made by the Steuben division of Corning Glass Works are not coincidental. In the 1920s, Swedish glass became known in the US through exhibitions and publications. The designer Sidney Waugh even visited Orrefors in 1930. Additionally, Steuben hired Swedish glassblowers to supervise production in the 1930s. (p. 24)

Dining table and screen, 1928. Mahogany, pewter, brass, 75.5, × 122 × 242 cm, and 330 × 50.5 × 7.5 cm (× 2). Uno Åhrén (1897–1977), Swedish. Svenskt Tenn. Nationalmuseum, NMK 48/2021, NMK 49a-b/2021. Gift 2021 Axel Hirsch's Fund and Nationalmusei Vänner.
Mrs Isabelle Mann Clow from Lake Forest, Illinois, visited Europe in 1928 to buy furniture for her new exclusive home designed by architect David Adler in classicizing style. Her shopping list included a glass dining table from Lalique in Paris. After visiting Svenskt Tenn, she changed her plan and tasked Uno Åhrén with designing a table for 18 people and a tall screen, both in mahogany, clad in matt pewter and with inlays of shiny brass forming a geometric pattern. For her reception room, Mrs Clow also bought armchairs from Åhrén, produced by Mobila for the 1925 World's Fair in Paris. (p. 25)

Candelabra, 1920–1921. Silver, 40.01 × 27.62 × 27.94 cm. Peter Berg (1885–1959), Norwegian, active in the USA, designer (attributed). Yngve Olsson (1896–1970), Danish, active in the USA. The Kalo Shop. The Art Institute of Chicago, Wesley M. Dixon, Jr. Endowment Fund, 1990.104.1–2. Photo: © 2021. The Art Institute of Chicago/Art Resource, NY/Scala, Florence.
These candelabra, produced by Chicago's Kalo Shop, exemplify the firm's vision of collective hand craftsmanship.

Norwegian silversmith Peter Berg fashioned the five-armed pair, while Danish artist Yngve Olsson adorned the base with chrysanthemum blossoms and leaves through chasing and repoussé – techniques used to create the silhouetted appearance. The Kalo Shop recognised the refined skills of those trained abroad and encouraged artistic collaboration.
(p. 26)

The Modern American: cocktail shaker, ice bucket, two cups, tray, designed in 1928; manufactured in 1930. Silver, bakelite. Shaker: 12 3/8 × 6 5/16 × 6 5/16 in. (31.43 × 16.03 × 16.03 cm), Cups (each): 6 × 4 × 4 in. (15.24 × 10.16 × 10.16 cm), Tray: 8 3/16 × 8 7/16 × 3 3/4 in. (20.8 × 21.43 × 9.53 cm), Erik Magnussen (1884–1961), Danish, active in the USA. Gorham Manufacturing Company. Private Collection. Photo © Museum Associates/LACMA, by Damon Adams.
Danish silversmith Erik Magnussen was hired by Gorham in 1925 to modernise the firm's services. His simple shapes without decor were seen as a modern alternative to ornamental European silver in historical styles. Magnussen's design was also interpreted as American as it was reminiscent of silver from colonial times and pieces by other artists such as silversmith Paul Revere, who was lauded for both his craft and his efforts on the American side at the Boston Tea Party in 1773.
(p. 27)

Exhibition catalogue, *Machine Art*, 1934. Josef Albers (1988–1976), German, active in the USA. Museum of Modern Art. Photo: © 2021. Digital image, The Museum of Modern Art, New York/Scala, Florence.
Swedish self-aligning ball bearings, made in the US, adorned the 1934 catalogue for MoMA's first industrial design exhibition *Machine Art*. It showcased machines, components, scientific instruments and equipment for laboratories, offices, kitchens and homes as art. The items were utilitarian, but were also assigned abstract beauty based on straight lines, circles and perfect, shiny surfaces without decor. The ball bearings, which are found in machines with moving parts and distribute weight and reduce friction, were the obvious choice to represent this machine aesthetic.
(p. 28)

Refrigerator, 1938, 1939. Gouache on paper. Raymond Loewy (1893–1986), French, active in the USA. Nationalmuseum, NMH 108/1980. Gift in 1980 from Electrolux AB.
The USA was a pioneer in industrial design, and designer Raymond Loewy was a leading light in the sector. He was an expert at styling and packaging products and did work for more than 200 companies during his career. His new version of the Sears refrigerator Coldspot from 1934, with streamlined shapes and aluminium shelves, boosted sales by 300 per cent.[1] As a result, Loewy was also commissioned by Electrolux in the late 1930s.

1 *Art Deco Chicago. Designing Modern America*, Robert Bruegmann (ed.), New Haven and London, 2018, p. 11.
(p. 29)

Floor polisher, proposals, 1938. Watercolor on paper. Raymond Loewy (1893–1986), French, active in the USA. Nationalmuseum, NMH 93/1980. Gift in 1980 from Electrolux AB.
(p. 29)

Household appliances, "Styled by G. Knölén", parody of designer Ralph Lysell's American style, n.d. Gouache on paper. Sixten Sason (1912–1967), Swedish. Nationalmuseum, NMH 130/1980. Gift in 1980 from Electrolux AB.
Sixten Sason was one of Sweden's first industrial designers. In his teens, he started illustrating for automotive magazines, but in the 1930s he shifted to designing industrial products for numerous Swedish companies. For example, he designed the first Saab car, the Hasselblad camera and household appliances for Electrolux. Here, he parodies Ralph Lysell's alluring airbrush technique, which makes all products shine.
(p. 30)

Electric kettle, 1945. Gouache on paper. Ralph Lysell (1907–1987), Swedish, active in the USA, Germany and Sweden. Nationalmuseum, NMH 146/1980. Gift in 1980 from Electrolux AB.
In his teens, Ralph Lysell moved to the USA to where his mother had emigrated in his childhood. He acquired his technical training in evening classes at Columbia University, New York. In the 1930s, he was a test driver for Mercedes-Benz in Germany. When the war broke out, he went to work for LM Ericsson in Sweden. In 1945, he founded the firm AB Industriell Formgivning, gaining recognition for his attractive product presentations using airbrushing on black card.
(p. 30)

CHAPTER 2

Hanging, Cranbrook Map, 1935. Wool, linen, silk, 262.9 × 313.7 cm. Eliel Saarinen (1873–1950), Finnish, active in the USA, designer; Studio Loja Saarinen, maker; Lillian Holm (1896–1979), Swedish, active in the USA, weaver (attributed); Ruth Ingvarson (1897– 1969), Swedish, active in the USA, weaver (attributed). Cranbrook Art Museum, Bloomfield Hills, CAM 1935.7. Photo: R. H. Hensleigh and Tim Thayer. Courtesy of Cranbrook Archives, Cranbrook Center for Collections and Research.
This hanging depicts the Cranbrook campus in Bloomfield Hills, Michigan. Comprising an art school, two boarding schools and other teaching institutions, Cranbrook became a key hub of exchange between Scandinavian and American design cultures in the 20th century. Prominent Finnish architect Eliel Saarinen designed several campus buildings, many of which are shown here, with sculptures by Swedish artist Carl Milles, who taught at Cranbrook Academy of Art.
(p. 34)

Cranbrook Academy of Art, Bloomfield Hills, Michigan, 1947. View of Academy Way (left) and the Cranbrook Art Museum (centre). Lone Pine Road in the foreground and the Institute of Science in the distance. Photo: Harvey Croze. Courtesy of Cranbrook Archives.
(p. 35)

Study for the *Festival of the May Queen* tapestry, Kingswood School for Girls, 1932. Watercolour, gouache and pencil on tracing paper, 67.95 × 60.01 cm. Eliel Saarinen (1873–1950), Finnish, active in the USA; Loja Saarinen (1879–1968), Finnish, active in the USA. Cranbrook Art Museum. Photo: Courtesy of Cranbrook Archives, Cranbrook Center for Collections and Research.
The drawing is a study for the monumental tapestry in the Kingswood School dining hall. Its matriarchal theme was fitting for the girls' school. The hanging was produced by weavers at Studio Loja Saarinen, an independent workshop on the Cranbrook campus employing several Swedish-born weavers. The lightness of the piece was achieved by leaving gaps in the weave. This technique is associated with Norwegian weaver Frida Hansen.
(p. 36)

Kingswood School for Girls, Cranbrook. Dining hall with the *Festival of the May Queen* hanging on the south wall, early 1930s. Photo: Courtesy of Cranbrook Archives.
The Kingswood School for Girls at Cranbrook, built in 1929–1931, represents a Saarinen family collaboration. Eliel Saarinen designed the school campus; Cranbrook's weaving studio, directed by his wife Loja Saarinen, created the wall hangings and rugs; Eliel's and Loja's daughter, Pipsan Saarinen Swanson, created the stencil decorations adorning the auditorium and a ballroom, while their son Eero Saarinen was responsible for the dining hall furnishings.
(p. 37)

Studio Loja Saarinen's showroom, 1933. On the wall, a study and sample weave for the hanging *Festival of the May Queen*. Photo: Courtesy of Cranbrook Archives.
(p. 38)

Candelabra, designed in 1935, manufactured in 1947, Chromed brass, 64.14 × 46.36 × 15.24 cm. J. Robert F. Swanson (1900–1981), American. Saarinen Swanson Group, design firm; Cray, manufacturer. Cranbrook Art Museum. Photo: R. H. Hensleigh and Tim Thayer. Courtesy of Cranbrook Archives, Cranbrook Center for Collections and Research.
(p. 38)

Vase, c. 1950. Stoneware, 29.9 × 34.9 × 34.9 cm. Maija Grotell (1899–1973), Finnish, active in the USA. Milwaukee Art Museum, Purchase, with funds from the Edward U. Demmer Foundation, in memory of Cheryl Robertson, Curator of Decorative Arts at the Milwaukee Art

Museum, 1979–1981 and 1993–1996, M2013.41. Photo: Milwaukee Art Museum/John R. Glembin.
Grotell's work is characterised by strong colour contrasts and low-relief geometric decoration. Her prominent students included the abstract ceramicist Toshiko Takaezu; Leza McVey, who made asymmetrical, biomorphic sculptures in the 1950s; Harvey Littleton, a seminal figure in the American studio glass movement; and Richard DeVore, who succeeded Grotell as ceramics instructor at Cranbrook.
(p. 39)

Cranbrook weaving instructor Marianne Strengell at her loom with Loja Saarinen and her son, architect Eero Saarinen looking on. The daughter of noted Finnish architect and critic Gustaf Strengell, Marianne Strengell knew Eliel Saarinen in Finland before he left for the US. During her tenure at Cranbrook, she forged strong ties with and received several key commissions from the textile and automotive industries. Photo: Courtesy of Cranbrook Archives.
(p. 40)

Chair for the *Organic Design in Home Furnishings* competition, Museum of Modern Art, New York, 1941. Mahogany, wool (replaced), 82.6 × 45.7 × 55.9 cm. Charles Eames (1907–1978), American, and Eero Saarinen (1910–1961), Finnish, active in the USA, designers; Marli Ehrmann (1904–1982), German, active in the USA, textile designer; Haskelite Manufacturing Corporation, manufacturer; Heywood Wakefield Corporation, textile manufacturer. Los Angeles County Museum of Art, Decorative Arts and Design Council Fund, M.2008.290.1. Photo: © Museum Associates/LACMA.
As colleagues at Cranbrook, Charles Eames and Eero Saarinen collaborated on a furniture group for the Museum of Modern Art's 1940 *Organic Design in Home Furnishings* competition. They used moulded plywood to create a single-material seat, unlike predecessors that required multiple layers of support and upholstery. While the chair did not ultimately go into production, both designers went on to independently create single-material plastic chairs: Eames' *DAX* and Saarinen's *Pedestal* furniture.
(p. 41)

Work chair, model 41, 1934 (1935). Laminated beech wood, jute, 83 × 49 cm. Bruno Mathsson (1907–1988), Swedish. Firma Karl Mathsson. Nationalmuseum, NMK 49/1959.
In Sweden's pavilion, Bruno Mathsson's work chair – characterised by ergonomics and function – was one of the objects that interested visitors and spoke to Sweden's modern goal of better living through appealing design. After studying various sitting positions of the human body during different activities, Mathsson designed a chair that adapted itself to the individual. He included using webbing to follow the curves of the human body to improve comfort while seated.
(p. 42)

Armchair for Paimio Sanatorium, 1932. Birch, 64 × 84 cm. Alvar Aalto (1898–1976), Finnish. Artek. Nationalmuseum, NMK 13/1963.
Alvar and Aino Aalto designed the Finnish pavilion for the 1939 New York World's Fair, fashioning a monumental multi-tiered undulating wooden wall to form the backdrop for large photographs of Finnish landscapes, factories and products. The bentwood armchair originally designed for the Paimio Sanatorium garnered interest and inspired American designers. It was visually and technically innovative, made of wood used sparingly and was viewed as an attractive alternative to tubular steel furniture.
(p. 43)

Swedish Modern. A Movement Towards Sanity in Design, exhibition catalogue for the Swedish pavilion, New York World's Fair 1939.
(p. 43)

Furnishing fabric, Philippines (Manila), 1951. Linen, printed. Marianne Strengell (1909–1998), Finnish, active in the USA. Cranbrook Art Museum. Photo: Courtesy of Cranbrook Archives, Cranbrook Center for Collections and Research.
(p. 44)

Chair, model 650, 1941. Maple, jute, 74.93 × 51.12 × 71.12 cm. Jens Risom (1916–2016), Danish, active in the USA. Knoll Associates, Inc. Los Angeles County Museum of Art, LACMA M.2018.101. Photo: © Museum Associates/LACMA.
Materials were rationed in Second World War, so designer Jens Risom helped the Hans Knoll Furniture Company (now Knoll Associates) to create furniture using softwoods and other materials rarely found in the furniture industry, such as rejected parachute straps. The innovative furniture line established Knoll as one of the earliest suppliers of modern design in the USA. Risom's design also bears a striking resemblance to Bruno Mathsson's chairs.
(p. 45)

Necklace, 1942–1943. Brass, 8.89 × 5.72 × 0.32 cm. Harry Bertoia (1915–1978), Italian, active in the USA. Cranbrook Art Museum. Photo: Courtesy of Cranbrook Archives, Cranbrook Center for Collections and Research. © Harry Bertoia/Bildupphovsrätt (2021).
Harry Bertoia studied at Cranbrook from 1937 to 1939 before teaching jewellery and metalwork at the school for several years. Bertoia's later career focused on sculpture and furniture design, and his early work at Cranbrook demonstrates how he through formative explorations into the material qualities and design potential of metals developed into one of the foremost artists of the 20th century.
(p. 45)

Furnishing fabric, Rox & Fix, 1943–1945. Linen, printed. Josef Frank (1885–1967), Austrian, active in Austria and Sweden. Svenskt Tenn. Nationalmuseum, NMK 61/2012. Furnishing fabric, Worry bird,

1943–1945. Linen, printed. Josef Frank (1885–1967), Austrian, active in Austria and Sweden. Svenskt Tenn. Nationalmuseum, NMK 83/1945.
Fleeing Austria for Sweden in 1933, the architect Josef Frank was hired by Estrid Ericson, the founder of Svenskt Tenn, in 1934. Together their style mixed objects of different origins and expressions to create individual, comfortable interiors. Frank's vibrant fabric patterns set the tone. During the war, Frank, who was Jewish, moved to the USA. In exile, inspired by visits to the Metropolitan Museum of Art and books about flora and birds, he created more than 60 new patterns.
(p. 46)

Chair, DCW (Dining Chair Wood), 1946. Birch plywood, rubber, steel, 73.66 × 49.53 × 55.88 cm. Charles Eames (1907–1978), American. Ray Eames (1912–1988), American. Eames Office. Molded Plywood Division, Evans Products Company, Herman Miller Furniture Company. Los Angeles County Museum of Art, LACMA M.2008.290.3. Photo: © Museum Associates/LACMA.
(p. 47)

Exhibition poster, Amerika Bygger – America Builds – the 25th anniversary of the Sweden-America Foundation, Nationalmuseum, 1944. Lithography on paper, 99.5 × 70 cm. The US Office of War Information. Moderna Museet, NMAFF 7:2/1944.
America Builds was an exhibition about historical and modern American architecture and urban planning. It was arranged by the US Office of War Information and the Museum of Modern Art for the Sweden-America Foundation's 25th anniversary and contained over 400 photographs, plans, publications, films and samples. The exhibition was an example of American cultural diplomacy. Critics also saw it as psychological warfare. After the Nationalmuseum, America Builds was shown in Gothenburg, Helsinki, Vaasa and Oslo.
(p. 48)

CHAPTER 3

The American Home, Helsinki, 1953. Architect Timo Sarpaneva, President J. K. Paasikivi, Prime Minister Urho Kekkonen, and the US Envoy Jack McFall. Photo: Lehtikuva.
(p. 51)

Furnishing fabric, Small Squares, 1952. Cotton, printed. Alexander Girard (1907–1993), American. American Art Textile Printing Company, manufacturer; Herman Miller Furniture Company, distributor. Milwaukee Art Museum, Purchase, with funds from Nici Teweles, in memory of L. William (Bill) Teweles M2018.26. Photo: Milwaukee Art Museum/John R. Glembin.
As Textile Director of the Herman Miller Furniture Company, Alexander Girard designed countless brightly coloured and boldly patterned textiles for the modern American home. Several of

these designs, including Small Squares, were shown across Scandinavia between 1953 and 1955 in the American Design for Home and Decorative Use exhibition.
(p. 52)

The American Home, Helsinki, 1953. Photo Credit: © 2021. Digital image, The Museum of Modern Art, New York/Scala, Florence.
(p. 53)

Chair, DAX, 1948–1950. Fibreglass, steel, rubber, 80.01 × 63.5 × 58.42 cm. Charles Eames (1907–1978), American. Eames Office (USA), design firm. Herman Miller Furniture Company (USA), manufacturer. Los Angeles County Museum of Art, LACMA M.2010.13. Photo: © Museum Associates/LACMA.
(p. 54)

Service, Museum, c. 1942–1945. Porcelain. Eva Zeisel (1906–2011), Hungarian, active in the USA. Castleton China Company. Nationalmuseum, NMK 51-52/2017, NMK 157/2020.
Eva Zeisel became a leading figure in the American ceramics industry, gaining fame after MoMA commissioned her to design a modern dinner service which was showcased across Scandinavia in the American Design for Home and Decorative Use exhibition.
(p. 55)

Bathroom interior, Home Economics Display, Helsinki, 1953. Photo: Finnish-American Society [Finland-Amerika-föreningen].
(p. 56)

CHAPTER 4

House Beautiful, The Scandinavian Look in U.S. Homes, July 1959. Elizabeth Gordon (1906–2000), American, editor. Milwaukee Art Museum Research Center. Photo: Milwaukee Art Museum Research Center.
In 1950, Elizabeth Gordon, editor of House Beautiful magazine, launched a decade-long effort to promote Scandinavian design to American consumers. Gordon suggested – rather uncritically – that Scandinavian designers, unlike modernist counterparts such as the Bauhaus school, prioritised utility and beauty in the homes of ordinary people. The magazine endorsed many specifically Scandinavian products, such as the chair by Danish designer Kristian Vedel on the July 1959 cover.
(p. 59)

Design in Scandinavia. Photo: Centrum för näringslivshistoria [Centre for Business History]/Svensk Form
(p. 60)

Design in Scandinavia, exhibition poster and catalogue cover featuring Finnish designer Tapio Wirkkala's birch laminated leaf platter as an emblem. House Beautiful designated the platter "The Most Beautiful Object of 1951".
(p. 61)

Design in Scandinavia. Photo: Centrum för näringslivshistoria [Centre for Business History]/Svensk Form.
(p. 62)

Design in Scandinavia, Brooklyn Museum, official opening, 1954. Photo: Centrum för näringslivshistoria [Centre for Business History]/Svensk Form.
(p. 63)

Hanging, Röd krokus, [Red Crocus], 1945. Wool, linen, 266 × 172 cm. Ann-Mari Forsberg (1916–1992), Swedish. Märta Måås-Fjetterström AB. Nationalmuseum, NMK 38/1946.
In the early 1950s, House Beautiful editor Elizabeth Gordon spotted Red Crocus in the new book Contemporary Swedish Design. She found contact information for its producer at the back of the book and ordered one for herself. Gordon used the hanging several times professionally, for example in articles in her wide-circulation magazine and in exhibitions that she organised.
(p. 64)

The chair JH501, designed by the Dane Hans Wegner (1914–2007) in 1949, was often used in House Beautiful and was shown in Design in Scandinavia. It also featured in the first televised presidential debate between Senator John F. Kennedy and Vice President Richard M. Nixon on 26 September 1960. The inclusion of Wegner's chair at this event situates it in a larger narrative of design and diplomacy, as it acted as a powerful symbol of the exchange between the United States and Nordic countries. Photo: Courtesy of Associated Press/TT Nyhetsbyrån.
(p. 65)

Denmark: Famous for Fine Furniture, poster, 1964. Offset lithography, 99.7 × 62.87 cm. Ib Antoni (1929–1973), Danish. Vang Rasmussen. Milwaukee Public Library. Photo: John R. Glembin.
While celebrating Denmark's reputation for "fine furniture," this poster also perpetuates key myths about Scandinavian design. The woodworker and his tools suggest that Danish design was hand-crafted, when in reality many items were mass-produced or made in small batches. And by visually pairing the chair with the tree that the figure is sitting on, the poster promotes the myth of Scandinavian design as natural and organic.
(p. 65)

Desk, model 6200, designed in 1952, this example c. 1952–1954. Walnut, iron, Formica, 102.24 × 121.92 × 63.5 cm. Greta Magnusson Grossman (1906–1999), Swedish, active in the USA. Glenn of California. Los Angeles County Museum of Art, Decorative Arts Deaccession Fund, M.2007.37. Photo © Museum Associates/LACMA.
After architect and designer Greta Magnusson Grossman emigrated from Sweden to Los Angeles in 1940, she created furniture for several US manufacturers. This desk exemplifies her combination of Scandinavian and Californian design influences. Its asymmetrical forms, juxtaposition of light and

dark, and use of Formica contribute to the piece's modern Californian aesthetic. At the same time, the use of walnut reflects her knowledge of traditional materials, while the skillful way she engineered the desk for small-batch production points to the cabinetmaker's training she acquired in Sweden.
(p. 66)

The *SPH* – later known as "Anywhere" – lamp, model NS948, designed in 1951. Enamelled steel, aluminium, Bakelite, rubber, 40.64 × 35.56 × 38.1 cm. Greta von Nessen (1898–1974), Swedish, active in the USA. Nessen Studio Inc. Collection of Jody and Dick Goisman. Photo: John R. Glembin.
This lamp's title, *SPH*, refers to the multiple ways it could be installed, S for standing, P for pinned (to the wall) and H for hanging. Its designer, Greta von Nessen, trained as an industrial designer in her native Sweden before emigrating to the United States. She and her husband settled in New York, where they opened a design studio specialising in electric light fixtures.
(p. 67)

Rug, *Blue Wave*, 1960. Acrylic fibre, 184 × 120 cm. Britt-Marie (Bittan) Bergh Valberg (1926–2003), Swedish, active in the USA. Cabin Crafts, Inc. Private Collection (Sweden) Photo: © Bittan Valberg; © Museum Associates/LACMA, by Per Myrehed.
Valberg came to the United States in 1956, first working for Dorothy Liebes before striking out on her own. One of her commissions was to design a series of rugs for Cabin Crafts Inc. Her textiles, which she deemed "art rugs", were inspired by American landscapes and were given distinctive names such as *Blue Wave*.
(p. 68)

Bowls, *Swedish Modern*, c. 1957. Glass. Anchor Hocking Glass Corporation. Private collection. Photo: John R. Glembin.
Following the post-war popularity of Scandinavian design, many American companies took advantage of Nordic associations without any true connection to the region. This set of nested glass bowls named Swedish Modern had no links to Sweden. The bowls traded on ideas of beauty and convenience associated with Swedish goods. These stereotypes reflected the American perception of Scandinavian design.
(p. 69)

Armchair, *model 400-1/2*, 1951. Walnut, leather, 81.28 × 71.12 × 60.96 cm. Finn Juhl (1912–1989), Danish. Baker Furniture, Inc. Milwaukee Art Museum; Bequest from Dr Lucille Cohn, M2013.69. Photo: Milwaukee Art Museum/John R. Glembin.
After seeing Finn Juhl's work in a 1949 Interiors magazine article, Baker Furniture president Hollis S. Baker invited Juhl to create a modern line of furnishings for Americans. Baker wanted to capitalise on the popularity of Danish modern furniture by producing a line

that would emulate the (purportedly) handcrafted and refined qualities of Scandinavian products. Advertisements for Juhl's furniture included the simple statement "Designed by Finn Juhl" to emphasise him as the sole creator.
(p. 70)

Chair, 1952. Walnut, leather, 76.84 × 45.72 × 63.5 cm. Sam Maloof (1916–2009), American. Sam and Alfreda Maloof Foundation. Photo: Courtesy of the Sam and Alfreda Maloof Foundation for Arts and Crafts.
In 1951, designer Henry Dreyfuss commissioned Sam Maloof to create custom furniture for his home and office. Dreyfuss considered pairing a Maloof table with a Hans Wegner chair he owned. This did not occur, but Maloof took the opportunity to experiment with designing his own Scandinavian-style chair. This one, with its soft lines and wood construction, resembles Hans Wegner's chair that was later dubbed "Cow Horn". Maloof became known for his sculptural, organic furniture shapes in subsequent decades.
(p. 71)

Hanging, *Manhattan*, 1953. Wool, linen, 238 × 150 cm. Ingrid Dessau (1923–2000), Swedish. Kristianstads läns hemslöjds-förening [Kristianstad County's handi-craft society]. Nationalmuseum, NMK 120/1957. Gift in 1957 from architect Robert Berghagen.
When Ingrid Dessau arrived in New York in the 1950s, spectacular modernisation was underway, for example to build steel and glass skyscrapers along Park Avenue, and the UN headquarters. This inspired her to weave an evening view of Manhattan, with people silhouetted against shop windows. Pre-industrial weaving meets modern architecture to striking effect as the buildings' structures are like the warp, and the windows resemble the pattern of the weave.
(p. 72)

CHAPTER 5

Drawing of the United Nations Security Council Chamber, c. 1949. Arnstein Arneberg (1882–1961), Norwegian. Nasjonalmuseet [The National Museum of Art, Architecture and Design]. Photo: Nasjonalmuseet/Annar Bjørgli; © The National Museum of Art, Architecture and Design.
Norwegian architect Arnstein Arneberg was chosen to design the most important room at the UN headquarters in New York City, the Security Council Chamber. Arneberg commissioned other Norwegian artists to create the room's decor, and their designs recall the overall mission of the building. The wallcovering by Else Poulsson is adorned with motifs symbolising faith, charity and hope, while Per Krohg's commanding mural signifies the promise of future peace and freedom.
(p. 76)

Textile, United Nations Security Council Chamber, 1951 (reproduced in 1996). Wool, damask. Else Poulsson (1909–2002), Norwegian. Cooper Hewitt, Smithsonian Design Museum; Gift from the Petersen Family and the Royal Norwegian Consulate General, n-t-1227. Photo: Cooper Hewitt, Smithsonian Design Museum/Matt Flynn.
(p. 77)

Sketch of tapestry for the UN Economic and Social Council Chamber, c. 1951. Watercolour on paper, 15 × 37.1 cm. Marianne Richter (1916–2010), Swedish. ArkDes, Sweden's National Centre for Architecture and Design, ARKM, 1972-10-1713-01a. Photo: Matti Östling/ArkDes Collections. © Marianne Richter/Bildupphovsrätt(2021).
Marianne Richter's vibrant tapestry curtain provided the focal point for the UN Economic and Social Council Chamber. Her geometric design included stripes and sunburst forms in bright colours. It enlivened the otherwise neutrally toned, modernist space, adding a touch of warmth to support the diplomatic and humanitarian mission of the Council.
(pp. 78–79)

Drawing, chair, UN Trusteeship Council Chamber, 1950. Watercolour, pencil, ink on paper, 41.28 × 60.33 cm. Finn Juhl (1912–1989), Danish. Marianne Riis-Carstensen (born in 1927), Danish, watercolourist. Designmuseum Danmark. Photo: Pernille Klemp/Designmuseum Danmark.
The Trusteeship Council Chamber, designed by Denmark's Finn Juhl, was notable for the ceiling design of colourful boxes installed at varying distances, and for the chairs upholstered in dark blue, teal and chartreuse.
(pp. 80–81)

Perspective drawing, United States Embassy, Stockholm, aerial view, 1951. Graphite on tracing paper, 44.77 × 63.5 cm. Ralph Rapson (1914–2008), American. Cranbrook Art Museum. Photo: Courtesy of Cranbrook Archives, Cranbrook Center for Collections and Research.
In her review of the US embassy, art critic Eva von Zweigbergk wrote: "This office palace is modern and magnificent like an enormous new American car and suppresses the otherwise quite large Norwegian embassy behind it into a small low-rise bungalow."
(p. 82)

Norwegian media reported with great interest on every stage of the American embassy in Oslo construction project, showing pride that a Nordic architect, Saarinen, had been chosen. Nasjonal-museet [The National Museum of Art, Architecture and Design]. Photo: Karl Teigen/Nasjonalmuseet; © The National Museum of Art, Architecture and Design.
(p. 84)

Absorbing American culture and modernity in the embassy's vast library, which was open to the general public. Photo: Leif Ørnelund/Oslo Museum
(pp. 84–85)

The Norwegian embassy in Stockholm is widely recognised as one of Knut Knutsen's major works. Built in brick, concrete, wood, glass and copper, it harmonises with the site in a way inspired by Frank Lloyd Wright's organic approach to architecture. The horizontal character of the building integrates with its surroundings, and the floor-to-ceiling vertically framed windows capture the lines of the nearby trees. The southfacing fenestration opens towards the garden, bringing nature indoors. Nasjonalmuseet [The National Museum of Art, Architecture and Design]. Photo: Ateljé Sundahl/Nasjonalmuseet; © The National Museum of Art, Architecture and Design.
(p. 85)

American embassy, Oslo. The Ambassador's Residence in use on 12 September 1953. George Catlett Marshall (left) gives a talk to a Norwegian audience, hosted by Ambassador Lester Corrin Strong (right). George C Marshall was awarded the Nobel Peace Prize the same year for his Marshall Plan, an American initiative to provide financial aid to Europe after the Second World War. Photo: © Riksarkivet, Oslo.
(p. 85)

Scandinavian Airlines System, SAS, flew to New York for the first time on 17 September 1946 with a DC-4 named Dan Viking. SAS was founded in 1946 by merging the national airlines of Sweden, Norway and Denmark. The countries' flags and references to journeying Vikings became important to the new company's brand identity, designed by Rune Monö (1920–2007). The aircraft livery resembled a stylised longship, with windows instead of Viking shields. To this day, all the airline's aircraft are named after Vikings. Photo: SAS.
(pp. 86–87)

Timetable, information folders, 1950s, Scandinavian Airlines System. Private collection. Photo: Nationalmuseum.
Right from the start in 1946, SAS made very conscious use of design and has constantly modernised its design identity over time. In the 1950s, aviation was the obvious modern alternative to crossing the Altlantic by ship. Travellers to the USA were tempted by images of sky-scrapers and hopes of clinching good deals. Travellers to Scandinavia were promised nature experiences and midnight sun, history and family reun-ions, handicrafts and design with a particularly modern sense of tradition, function and materials.
(pp. 88–89)

Travel poster, *Norway. The Cradle of Skiing*, 1951. Offset on paper, 99 × 61.8 cm. Knut Yran (1920–1998), Norwegian. Nores Statsbaner [NSB – Norwegian State Railways]. Nasjonalmuseet [The

National Museum of Art, Architecture and Design], Oslo, Norway. Photo: National Museum of Art, Architecture and Design.

In an attempt to capture the imagination of overseas tourists, the designer uses folk painting or "rosemaling" to ornament the cradle and skis to signal Norway's image as a winter sports destination. This internationally successful poster exemplifies Yran's definition of an effective poster motif, "two realistic things in an unrealistic context". This particular motif was used in advertising campaigns by Scandinavian Airlines System (SAS), Norwegian State Railways (NSB) and the Norwegian America Line (NAL).
(p. 90)

SAS modernised its design programme at the end of the 1950s as the company prepared to start replacing propeller aircraft with jet planes in 1959. Printed matter, aircraft livery and furnishings, uniforms, ticket offices and hotels were given a clear Scandinavian identity, referencing the now internationally established ideas about Scandinavian design. An advertising campaign in *Life magazine* in the early 1960s describes SAS as Scandinavian Modern, and parallels are drawn between the experience air travel and the qualities ascribed to handicrafts and design from the Nordic region. Photo: SAS.
(pp. 91–92)

CHAPTER 6

Herløv Østhassel photographed in spring 1958 outside the *Sons of Norway* fraternal benefit society on 8th Avenue in Bay Ridge, Brooklyn. The street was a key hub for Norwegians and the location of several Norwegian companies, cafés and organisations. Photo: Private collection.
(pp. 96–97)

At *Sørlandet Restaurant* on Norway's National Day, 17 May, 1959. From left, Inger Nodeland, Olaug Nodeland, Arvid Nodeland and Judith Staddeland. They were all from Sørlandet, but lived and worked in Brooklyn. Photo: Ernst Nodeland. Private collection.
(p. 98)

Aslaug Barøy from Kvinesdal, Sørlandet, emigrated to Brooklyn in 1959. The photograph was taken in the apartment she rented in Brooklyn. She has put on makeup and a new expensive velvet dress. When she had the photo developed, she did not dare send it to her parents in Norway.1 Photo: Private Collection.

1 Siv Ringdal, *På høye hæler i Amerika. Unge Agderkvinner i etterkrigsårenes New York*, Oslo, 2018, p. 237.
(p. 99)

Advert for Sun Beam household appliances, *Life Magazine*, 7 December 1962.
(p. 100)

Volvo P1225, 1956 (1960) with the UN headquarters and Manhattan in the background. Volvo P122. Jan Wilsgaard

(1930–2016), American, norwegian parents, active in Sweden. Volvo. Photo: Volvo's Historical Archive.
In the USA, Volvo became synonymous with safety. The company's 122S model, which was first produced in Sweden as the Amazon and launched in the United States at the International Automobile Show in New York in 1959, intentionally tried to emulate American car design. Volvo engineer Nils Bohlin's three-point seatbelt became standard for Swedish Amazon front seats in 1959, making Volvo the first automotive firm in the world to introduce this belt as standard on its models. Following additional testing, the belts also became standard on the US models in 1963.
(p. 102)

General Motors advertisement for the 1959 *Buick Electra 225*, photographed in the Cranbrook Academy of Art' garden with Carl Milles *Triton* Pools in the background. Photo: General Motors LLC.
When the US automotive industry expanded internationally in the 1910s, Ford and General Motors opened assembly plants around the world. Ford started to assemble vehicles in Denmark in 1911, and GM eight years later. In Stockholm, GM opened a factory for the assembly of La Salle, Pontiac, Chrysler, Buick, Cadillac, Chevrolet, Oldsmobile, Opel and others in 1928.
(p. 102)

CHAPTER 7

Sighsten Herrgård, 1968. Laser print, 50 × 40 cm. Ralf Turander (born in 1943), Swedish. Nationalmuseum, NMGrh 4764.
(p. 106)

Sighsten Herrgård and his family dressed in unisex overalls and photographed by Norman Parkinson. 1968. Photo: Norman Parkinson; © Iconic Images Limited.
(p. 107)

Model wearing a knitted dress by Bertil Wahl, photographed by Norman Parkinson, 1968. Photo: Norman Parkinson; © Iconic Images Limited.
(p. 108)

John F. Kennedy and Jackie Kennedy *Sports Illustrated*, 26 December 1960. When Jacqueline Kennedy wore a Marimekko dress on the cover of *Sports Illustrated*, it was a high-profile endorsement of the unconventional Finnish clothing brand. Marimekko was deemed radical at the time, with dresses cut in simple shapes to accommodate all body types and to encourage freedom and mobility. Jacqueline Kennedy purchased her Marimekko dresses at Design Research in Cambridge, Massachusetts. Photo: David Drew Zingg (Photo by SI Cover/Sports Illustrated via Getty Images/Getty) (Set Number: X6882 TK1)
(p. 109)

Rosalynn and President Jimmy Carter. The First Lady wearing a Marius sweater

by Norwegian designer Unn Søiland Dale. Photo: Unn Søiland Dale fotoarkiv/ Unn from Norway Media Archive.
After seeing Søiland's hand-knitted sweaters on the front cover of *Vogue*, the director of the McGregor US fashion concern secured a licence to machine-knit a number of her models. These "Norwegian sweaters", also known as "Viking style" and "Norse Knits" became a success. In a 1958 article about their designer, the Stavanger Aftenblad newspaper remarked, "In the US they have something called career women – here in Norway we have Unn Søiland".
(p. 110)

CHAPTER 8

Tea and coffee service, *Denmark*, 1958. Silver plate/ nickel silver, plastic. John Prip (1922–2009), American, active in Denmark and the USA. Reed & Barton. Collection of Jody and Dick Goisman. Photo: John R. Glembin.
(p. 114)

Stool, 1979. Walnut, 76.52 × 50.17 × 38.1 cm. Tage Frid (1915–2004), Danish, active in the USA. Yale University Art Gallery, Please Be Seated Collection, funded by Julian H. Fisher, B.A. 1969, in memory of Wilbur J. Fisher, B.A. 1926, and Janet H. Fisher, 2008.126.1. Photo: Yale University Art Gallery.
(p. 115)

Body ornament, *Front & Back body ornament*, 1971. Silver, 43.18 × 22.23 × 3.18 cm. Arline Fisch (born in 1931), American. Los Angeles County Museum of Art; Gift from Allison and Larry Berg through the 2014 Decorative Arts and Design Acquisitions Committee (DA2), M.2014.145a–b. Photo © Museum Associates/ LACMA.
(p. 116)

Bowl, 1983. Stoneware, 31.75 × 26.67 cm. Erik Gronborg (born in 1931), Danish, active in the USA. Los Angeles County Museum of Art; Gift from Stanley and Betty Sheinbaum, AC1998.244.6. Photo © Museum Associates/LACMA. Gronborg's subversive sculptural work challenged long-held expectations that pottery should have a functional purpose. This bowl exemplifies his use of vibrant glazes and appropriation of newspaper imagery of distinctively American motifs such as cowboys, cars and computers.
(p. 117)

Craft Horizons (The Revolution in Scandinavian Design), March/April 1958. Magazine.Conrad Brown (1922–2016), American, editor. Milwaukee Art Museum Research Center. Photo: Milwaukee Art Museum Research Center.
(p. 118)

Sculpture, 1967. Stoneware, 28.3 × 18.5 × 10 cm. Lisa Larson (born in 1931), Swedish. Private collection. Photo: Nationalmuseum. © Lisa Larson/ Bildupphovsrätt(2021).
(p. 120)

Textile, *Magnum*, 1970. Cotton, vinyl, nylon, polyester, Mylar, 119.38 × 120.33 cm. Jack Lenor Larsen (1927–2020), American. Win Anderson (1922–2009), American. Jack Lenor Larsen, Inc. Aristocrat Embroidery Corporation. Los Angeles County Museum of Art, Decorative Arts and Design Council Fund, M.2019.207. Photo: © Cowtan & Tout, Inc. Photo: Minneapolis Institute of Art.
(p. 121)

Hanging, *Modular Construction*, 1968. Cotton, linen, silk, bast fibre, 165.1 × 128.27 cm. Ed Rossbach (1914– 2002), American. Milwaukee Art Museum; Gift from Karen Johnson Boyd, M1987.62. Photo: Milwaukee Art Museum/John R. Glembin.
Ed Rossbach attended Cranbrook Academy of Art and studied ceramics with Maija Grotell and weaving under Marianne Strengell. He became one of Strengell's most accomplished students, working in a variety of fibre techniques and using unconventional materials. After completing his degree, Rossbach had his own influential teaching career, first at the University of Washington, where textile artist Jack Lenor Larsen was his assistant, before moving to the University of California, Berkeley.
(p. 122)

Hanging, *Bird Cage*, c. 1968. Linen, wool, wood, 177.8 × 91.44 × 2.4 cm. Alice Kagawa Parrott (1929–2009), American. Collection of the Albuquerque Museum. Photo: Albuquerque Museum.
The natural fibres and unconstrained form of this hanging illustrate Alice Kagawa Parrott's claim that Lenore Tawney – an innovative American textile artist who studied with Finnish weaver Martta Taipale – was her greatest influence. Additionally, Parrott studied under Finnish textile designer Marianne Strengell at Cranbrook. Parrott's multiple connections to Scandinavian makers point to the substantial impact of Scandinavian weaving upon American fibre arts.
(p. 123)

Hanging, *Bubba Smith of the Baltimore Colts*, 1969. Wool, linen, 114 × 161 cm. Helena Hernmarck (born in 1941), Swedish, active in the USA. Helena Hernmarck Tapestries Inc, Ridgefield. Nationalmuseum, NMK 38/1987.
Helena Hernmarck left Sweden for Canada in 1967 and settled in the USA in 1975. In America she encountered a new world of excess and consumption. Pop culture inspired many contemporary fibre artists to work experimentally, abstractly and three-dimensionally. But Hernmarck reacted differently, going back to the origins of pictorial weaving and depicting narratives. The basis for this weave is a magazine image of American football player Bubba Smith, captured at a dramatic point in a match.
(p. 124)

CHAPTER 9

Amerikanske sommerfuglar, [American butterflies], 1971. Screen print on paper, 75 × 100 cm. Per Kleiva (1933–2017), Norwegian. Nasjonalmuseet [The National Museum of Art, Architecture and Design], The Fine Art Collection, NG.K&H.1971.0266. Photo: Therese Husby/Nasjonalmuseet; @ The National Museum of Art, Architecture and Design. © Per Kleiva/Bildupphovsrätt(2021). (p. 128)

Det måste löna sig att motarbeta, [Counteraction must be worthwhile – from the Nixon enamels series], 1973–1974. Enamelled metal, 25 × 35 cm. Kjartan Slettemark (1932–2008), Norwegian. Nasjonalmuseet [The National Museum of Art, Architecture and Design], The Fine Art Collection, MS-02793-1988. Photo: Therese Husby/ Nasjonalmuseet; @ The National Museum of Art, Architecture and Design. © Kjartan Slettemark/Bildupphovsrätt(2021). (p. 129)

Magazine, *Puss,* no. 7, 1968. Lars Hillersberg (1937–2004), Swedish, Åke Holmqvist (born in 1939), Swedish, Karl-Erik Liljeros (born in 1939), Swedish, Lena Svedberg (1946–1972), Swedish. Moderna Museet, Stockholm, MOM/2015/36. © Lars Hillersberg, Åke Holmqvist, Karl-Erik Liljeros/ Bildupphovsrätt(2021). (p. 130)

American Interior n° 10, 1968. Acrylic on canvas, 162.5 × 114.5 cm. Erró (born Guðmundur Guðmundsson, 1932), Icelandic. MACBA Collection. MACBA Consortium. Gift of Victòria Combalía Photo: © Erró, VEGAP, Barcelona. The Vietcong (the armed communist revolutionary organisation in Vietnam and Cambodia) are about to storm an ideal American home. (p. 131)

Artist Charlotte Johannesson met the founders of the Apple Computer Company in Silicon Valley, which became the hub of the emerging techno-digital revolution in, California. (p. 132)

Take me to another world, 1981–1986. Ink on paper, computer plotter printout, 29.7 × 42 cm. Charlotte Johannesson (born in 1943), Swedish. Moderna Museet, Stockholm, MOM/2016/80. (p. 132)

Weave, *Sydvietnamesisk flyktingpojke,* [South Vietnamese Refugee Boy], 1973–1975. Wool, 54 × 37 cm. Maria Adlercreutz (born in 1936), Swedish. Nationalmuseum, NMK 6/2008. Maria Adlercreutz depicted her contemporary world in her weaving. She was political and passionate about global solidarity and used press photographs from the Vietnam War as starting points for several of her weaves. She asked herself whether

the memory of a horrific event can be preserved if it is immortalised in a weave. (p. 133)

The open-air exhibition *og etter oss... (And After Us...)* toured Norway in 1969, warning against a future global environmental collapse. Here, a polluted Manhattan-style metropolis is juxtaposed with an idealised rural Norwegian landscape. Opened in Oslo by Prime Minister Per Borten and Swedish Nobel Laureate in Economics Gunnar Myrdal, the exhibition was curated by students from the Oslo School of Architecture (AHO), namely Dag Norling, Heidrun Rising Næss, Turid Horgen, Snorre Skaugen, Gábor Szilvay and Eyvind Kvaale. Photo: *og etter oss...,* exhibition catalogue, 1969, pp. 56–57. (p. 134)

CHAPTER 10

Chair, *Tripp Trapp,* 1972. Beech, metal, 77 × 46 × 50 cm, Peter Opsvik (born in 1939), Norwegian. Stokke. National Museum of Art, Architecture and Design, Oslo, Norway. Photo: Peter Opsvik. The *Tripp Trapp* chair is an example of adaptive design, which considers how an object can be created to accommodate a wider range of users. It was sold in specialty design stores in the United States beginning in 1976. (p. 138)

Service, *ÄTA/DRICKA,* 1978. Stainless steel, plastic. Maria Benktzon (born in 1946), Swedish. Sven-Eric Juhlin (born in 1940), Swedish. Ergonomi Design. RFSU Rehab. Photo: Maria Benktzon, Sven-Eric Juhlin, *ÄTA/DRICKA-serien, McKinsey Design.* (p. 139)

Symbol of Access, 1968. Susanne Koefoed (born in 1948), Danish. Form, no. 10, 1968. (p. 139)

International Symbol of Access (ISA), 1969. Karl Montan (1914–2000), Swedish. Photo: Wikimedia Commons. The Swedish Institute for the Handicapped was founded in 1968. Karl Montan was its first director, and together with a committee, using Susanne Koefoed's design as a starting point, he created the ISA symbol. The institute changed its name to Hjälpmedelsinstitutet, the Assistive Devices Institute, in 1998, and its operations have been under the auspices of the Swedish Agency for Participation (MFD) since 2014. (p. 139)

Big Character Poster No. 1: Work Chart for Designers, 1969 (1973). Poster, 120 × 82 cm. Victor Papanek (1923–1998), Austrian, active in the USA and Scandinavia. University of Applied Arts, Vienna, Victor J. Papanek Foundation. Photo: University of Applied Arts Vienna, Victor J. Papanek Foundation. The first iteration of this design emerged at the 1969 Scandinavian Design Students' Organization (SDO) seminar held in

Copenhagen. Created by Victor Papanek, the poster was an organisational chart aiming to outline the moral and social duties of designers. It also demonstrated how designers could be empowered by working within multidisciplinary teams. A revised version of the hand-illustrated chart, which appeared in Papanek's book, *Design for the Real World,* was released as a poster in 1973. (p. 140)

Nils Faarlund (born in 1937) gave a talk in 2007 at *Framtanker* (Forward Thinking), an annual conference organised by DOGA (Design and Architecture Norway). In his hand he is holding a Chouinard Equipment axe which he has owned and used since around 1970 and and which he, in this lecture, emphasised as an example of good, sustainable design. Photo: Sverre Christian Jarild. (p. 141)

Bunk bed, *BIG TOOBS,* 1972. Fibre hardboard, wood, vinyl, 213.36 × 195.58 × 123.19 cm. Jim Hull (born in 1942), American. Penny Hull (born in 1943), American. H.U.D.D.L.E. Private collection, Chicago. Photo: © Museum Associates/LACMA Californian designers Jim and Penny Hull developed the *BIG TOOBS* beds in response to the lack of children's furniture that suited children's lifestyle. This lightweight, inexpensive line of furniture was designed in the same vein as Kristian Vedel's child chair, supporting both play and functional living. Made out of prefabricated tubes, the bunk beds brought sustainability to the modern bedroom. Published in Nomadic Furniture (1973). (p. 142)

Drawing for offshore oil rig housing, 1977. Njål R. Eide (1931– 2016), Norwegian. From a brochure for the company VIGORHUS. Courtesy of the Norwegian Petroleum Museum. Photo: Njål R. Eide, Erling Storvik Design. Following the discovery of vast oilfields under the Norwegian continental shelf in 1969, US companies became heavily involved in the development of the Norwegian oil industry, providing both financial and technical support. This development challenged Norway's image as an environmentally progressive society. Prior to designing oilrig accommodation, architect Njål R. Eide had designed interiors for the ships of the Norwegian America Line. (p. 143)

Villa Normann, Jessheim, Norway. Jan & Jon, 1979. Photo: Jan Digerud. "Robert Venturi turned me completely upside down." (*Arkitektnytt,* no. 10 May 2019). Jan Digerud completed his American architectural education with an MA at Yale University in 1965. For him, Venturi's lectures were the most important part of the course. They later formed the basis of the American architect's postmodern classic *Complexity and Contradiction in Architecture (1966). Villa* Normann

was inspired by Venturi's "Mother's House" in Philadelphia and challenged the hegemony of Nordic Modernism. (pp. 144–145)

Textile, *Unikko,* 1964 (1965). Cotton, printed. Maija Isola (1927–2001), Finnish. Marimekko. Nationalmuseum, NMK 119/1970. Design Research, established in 1953 by architect Ben Thompson in Cambridge, Massachusetts, was the first shop to sell Marimekko's products in the USA. His friends, the architects Robert and Margaret Eskridge, got to know Marimekko's founder Armi Ratia while on Fulbright to Finland in 1957–1958. The dresses they brought home captured Thompson's interest. They were suitable additions to the shop's progressive range of products from Scandinavia and elsewhere, and Design Research played a key role in the US launch of Marimekko's fabrics and clothes. (p. 148)

Författarpresentationer

GLENN ADAMSON är kurator, författare och historiker, verksam i New York. Han har tidigare varit chef för Museum of Arts and Design i New York och forskningschef vid Victoria and Albert Museum i London. Hans senaste bok är *Craft: An American History* (2021).

KJETIL FALLAN är professor i designhistoria vid Universitetet i Oslo. Hans senaste böcker är *The Culture of Nature in the History of Design* (2019) och *Designing Modern Norway: A History of Design Discourse* (2017).

JØRN GULDBERG är lektor emeritus vid Institut for Design og Kommunikation, vid Syddansk Universitet i Kolding. Ett av hans forskningsområden är skandinavisk designhistoria, och bland de artiklar han har publicerat i ämnet kan nämnas "Scandinavian Design as Discourse" i *Design Issues,* 2011, nr 2, och "Stockholm i Danmark. Den danske reception af Stockholmsudstillingen 1930" i *Architectura 33*, 2011.

DENISE HAGSTRÖMER är en svensk-amerikansk designhistoriker som sedan 2013 arbetar som förste intendent vid Nasjonalmuseet for kunst, arkitektur og design i Oslo. Hennes doktorsavhandling, som hon lade fram vid Victoria & Albert Museum och Royal College of Art i London, har titeln *In Search of a National Vision: Swedish Embassies from the Mid-twentieth Century to the Present* och behandlar relationen mellan design, arkitektur och diplomati. Hon var under tio år lektor vid Konstfack i Stockholm.

MAIJA KOSKINEN är fil. dr i konsthistoria, specialiserad på förhållandet mellan konst, makt och politik. Hon arbetar för närvarande med ett projekt om internationella konstutställningar i Finland 1945–1991, som ingår i Finlands akademis projekt "Mission Finland – Cold War Cultural Diplomacy at the Crossroads of East and West".

HELENA KÅBERG är intendent och enhetschef vid Nationalmuseum samt docent i konstvetenskap vid Uppsala universitet. Kåberg har tidigare forskat och undervisat om nationell designidentitet och relationer mellan Norden och USA på Uppsala universitet, Konstfack, Bard Graduate Center och The New School/Cooper Hewitt, Smithsonian Design Museum.

LARS BANG LARSEN är konsthistoriker, författare och kurator. Han har disputerat vid universitetet i Köpenhamn och i sin forskning särskilt ägnat sig åt neo-avantgardet och utställningshistoria. Sture Johannesson, Charlotte Johannesson och Palle Nielsen hör till dem han skrivit om och ställt ut. Han är en av cheferna för Art Hub Copenhagen.

MONICA OBNISKI är intendent för konsthantverk och design vid High Museum of Art i Atlanta, Georgia. Efter en mastersexamen från Bard Graduate Center disputerade hon vid University of Illinois i Chicago och har sedan haft intendenttjänster vid Milwaukee Art Museum, Art Institute of Chicago och Metropolitan Museum of Art. Hon är en av curatorerna för utställningen *Scandinavian Design and the United States* i USA.

SIV RINGDAL är kulturhistoriker och har i flera år forskat om de transatlantiska förbindelserna mellan Norge och USA. Hon har gett ut tre monografier i ämnet, och disputerade 2016 på en avhandling om unga, norska kvinnors möten med efterkrigstidens New York. Siv Ringdal arbetar som förste konservator vid Norsk Folkemuseum i Oslo.

PATRIK STEORN är museichef vid Göteborgs konstmuseum och docent i konstvetenskap. Steorn har arbetat som forskare och universitetslektor vid Centrum för modevetenskap, Stockholms universitet och har publicerat ett flertal texter inom konstvetenskap, visuell kultur, modevetenskap och genus- och queerstudier.

BOBBYE TIGERMAN är intendent för konsthantverk och design vid Los Angeles County Museum of Art (LACMA) och en av curatorerna för utställningen *Scandinavian Design and the United States* i USA.

Authors

GLENN ADAMSON is a curator, writer and historian based in New York. Previously held positions include Director of the Museum of Arts and Design in New York, and Head of Research at the V&A in London. His most recent book is entitled *Craft: An American History* (Bloomsbury, 2021).

KJETIL FALLAN is Professor of Design History at the University of Oslo. His latest books are *The Culture of Nature in the History of Design* (Routledge, 2019) and *Designing Modern Norway: A History of Design Discourse* (Routledge, 2017).

JØRN GULDBERG is Associate Professor emeritus at the Department of Design and Communication, University of Southern Denmark at Kolding. Scandinavian design history is one of his areas of research and he is the author of texts such as "Scandinavian Design as Discourse" (*Design Issues* 2, 2011) and "Stockholm i Danmark: Den danske reception af Stockholmsudstillingen 1930" [Stockholm in Denmark: The Danish Reception of the Stockholm Exhibition in 1930] (*Architectura 33*, 2011).

DENISE HAGSTRÖMER is a Swedish-American design historian and Senior Curator at the National Museum, Oslo. Her PhD, *In Search of a National Vision: Swedish Embassies from the Mid-twentieth Century to the Present*, explores the relationship between design, architecture and diplomacy and was awarded jointly by the V&A Museum and the Royal College of Art, London. For ten years she was a Senior Lecturer at Konstfack, Stockholm.

MAIJA KOSKINEN holds a PhD in art history, specialising in the relationship between art, power and politics. She is currently researching international art exhibitions in Finland between 1945 and 1991 as part of an Academy of Finland project entitled "Mission Finland – Cold War Cultural Diplomacy at the Crossroads of East and West".

HELENA KÅBERG is Senior Curator and Head of Department at Nationalmuseum in Stockholm, and Associate Professor in art history at Uppsala University. Kåberg has previously researched and lectured on national design identity and relations between the Nordic countries and the USA at Uppsala University, Konstfack, the Bard Graduate Center and the New School/Cooper Hewitt, Smithsonian Design Museum in New York.

LARS BANG LARSEN is an art historian, writer and curator with a PhD in art history. He has researched extensively on the neo-avantgarde art and exhibition history of the post-war era, including publications and exhibitions on Sture Johannesson, Charlotte Johannesson and Palle Nielsen. He is Co-Director of Art Hub Copenhagen.

MONICA OBNISKI is Curator of Decorative Arts and Design at the High Museum of Art in Atlanta, Georgia, and co-curator of the exhibition *Scandinavian Design and the United States, 1890–1980*. She has held curatorial posts at the Milwaukee Art Museum, the Art Institute of Chicago and the Metropolitan Museum of Art, New York. Obniski received an MA from the Bard Graduate Center, New York, and a PhD from the University of Illinois at Chicago.

SIV RINGDAL is a cultural historian who has spent several years researching the transatlantic ties between Norway and the USA. She has published three books on the subject, and her doctoral thesis focused on young Norwegian women's experiences of New York in the post-war years. Siv Ringdal is currently Senior Curator at Norsk Folkemuseum in Oslo.

PATRIK STEORN is Director of the Gothenburg Museum of Art and Associate Professor in art history at Stockholm University. Steorn has worked as a researcher and senior lecturer at the Centre for Fashion Studies at Stockholm University and has published several texts within the fields of art history, visual culture, fashion studies, gender and queer studies.

BOBBYE TIGERMAN serves as the Marilyn B. and Calvin B. Gross Curator of Decorative Arts and Design at the Los Angeles County Museum of Art (LACMA) and is one of the curators of the exhibition *Scandinavian Design and the United States, 1890–1980*.

Denna publikation är utgiven i anslutning till utställningen
Scandinavian Design & USA – människor, möten och idéer,
1890–1980.
This book was published in conjunction with the exhibition
Scandinavian Design & USA – People, Encounters and Ideas,
1890–1980.

Nationalmuseum, Stockholm, 14 oktober 2021–9 januari 2022
Nasjonalmuseet, Oslo, 17 mars 2022–7 augusti 2022

Redaktörer/Editors: Denise Hagströmer, Helena Kåberg
Översättning/Translation: Culture Bites (danska till engelska),
    Wendy Davies (bildtexter svenska till engelska), Ylva Hellerud
    (norska, danska till svenska), Ida Hove Sohlberg (bildtexter och
    författarpresentationer svenska till norska), Per Qvale (engel-
    ska, svenska, danska till norska), Bettina Schultz (svenska till
    engelska), Astrid Trotzig (engelska till svenska).
Publikationsansvarig/Publications: Ingrid Lindell
Grafisk form/Graphic design: BankerWessel
Papper/Paper: Munken Lynx
Typsnitt/Typefaces: Condor, Chronicle
Textredaktör/Copy-editing: Johan Rosell (svensk/engelsk utgåva)
Korrekturläsning/Proofreader: Astrid Trotzig
Foto/Photo: Linn Ahlgren, Anna Danielsson och Victor Fordell/
    Nationalmuseum samt övriga bildrättsinnehavare/and copyright
    holders for images (s./pp. 172–177)
Bildredaktörer/Photo editors: Helena Kåberg, Rikard Nordström,
    Marina Strouzer-Rodov

Nationalmusei utställningskatalog nr 688
ISBN 978-91-7100-908-1 [Nationalmuseum, svensk/engelsk utgåva]
ISBN 978-82-8154-137-5 [Nasjonalmuseet, norsk/engelsk utgåva]
Tryckeri/Printed by: Göteborgstryckeriet, 2021
Distribution: Nationalmuseum, www.nationalmuseum.se

Med tack till *Estrid Ericsons Stiftelse* och *Kungl. Patriotiska*
Sällskapet för generösa bidrag till utställningskatalogproduktionen.
With thanks to *The Estrid Ericson Foundation* and the *Royal*
Patriotic Society for generous contributions to the exhibition
catalogue production.

UTSTÄLLNING/EXHIBITION

Nationalmuseum, Stockholm, 14 oktober 2021–9 januari 2022

Curatorer/Curators: Denise Hagströmer, Helena Kåberg,
    Monica Obinski, Bobbye Tigerman
Utställningskoordinator/Exhibition coordinator: Karin Sandstedt
Utställningsdesign/Exhibition design: Joakim Ericson Werning
Grafisk formgivning/Graphic design: Simon Hessler
Ljusdesign/Lighting design: Malin Wahlström/Transpond
Utställningsteknik/Exhibition technicians: Nationalmuseums
    konsthanteringsenhet under ledning av Pär Lindblom
Konservering/Conservation: Nationalmuseums konserverings-
    enhet under ledning av Anne-Grethe Slettemoen
Foto/Photo: Anna Danielsson
Digitala produktioner/Digital productions: Mattias Robertson
Pedagogik/Educational programme: Nationalmuseums pedago-
    giska enhet under ledning av Lena Eriksson
Kommunikation, press, media och PR/Communication, press,
    media and PR: Nationalmuseums kommunikationsenhet
    under ledning av Lena Munther
Marknadsföring/Advertising and marketing: Peppe Bergström
    Hesselbom

Utställningen är samorganiserad av Los Angeles County Museum
    of Art och Milwaukee Art Museum i samarbete med
    Nationalmuseum och Nasjonalmuseet, Oslo.
The exhibition is co-organized by the Los Angeles County Museum
    of Art and the Milwaukee Art Museum in collaboration with
    Nationalmuseum and Nasjonalmuseet, Oslo.

Nationalmuseum samarbetar med/collaborates with Grand Hôtel
    Stockholm, Svenska Dagbladet, The Wineagency och/and
    Nationalmusei Vänner

En version av den här utställningen kommer att visas på Los
    Angeles County Museum of Art 9 oktober, 2022–5 februari,
    2023 och på Milwaukee Art Museum 24 mars–23 juli, 2023.
    I samband med den publiceras boken *Scandinavian Design and*
    the United States, 1890–1980, Bobbye Tigerman och Monica
    Obniski (red.), Los Angeles County Museum of Art och
    Milwaukee Art Museum, München, New York och London 2020.
A version of this exhibition will show at Los Angeles County
    Museum of Art 9 October, 2022–5 February, 2023 and at
    Milwaukee Art Museum 24 March–23 July, 2023, where it will
    be accompanied by the publication *Scandinavian Design and the*
    United States, 1890–1980, Bobbye Tigerman & Monica Obniski
    (eds.), Los Angeles County Museum of Art and Milwaukee Art
    Museum, München, London and New York 2020.

Scandinavian Design & USA – People, Encounters and Ideas, 1890–1980
is made possible by major grants from the Terra Foundation for
American Art (International Tour and Exhibition Sponsor)
and the Henry Luce Foundation (Presenting Sponsor). Generous
support is also provided by Nordic Culture Point.

  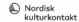